La sonrisa vertical

Colección de Erótica dirigida
por Luis G. Berlanga

Wilhelmine Schröder-Devrient

Memorias de una cantante alemana

Prólogo de Guillaume Apollinaire

Título original: *Aus den Memoiren einer Sängerin*

1.ª edición: octubre de 1977
16.ª edición: mayo de 2009

Traducción de Antonio Escohotado
Diseño de la colección: Clotet-Tusquets
Diseño de la cubierta: BM
Reservados todos los derechos de esta edición para
Tusquets Editores, S.A. - Cesare Cantù, 8 - 08023 Barcelona
www.tusquetseditores.com
ISBN: 978-84-7223-302-7
Depósito legal: B. 20.992-2009
Fotocomposición: David Pablo
Impresión: Liberdúplex, S.L.
Encuadernación: Reinbook
Impreso en España

Queda rigurosamente prohibida cualquier forma de reproducción, distribución, comunicación pública o transformación total o parcial de esta obra sin el permiso escrito de los titulares de los derechos de explotación.

Índice

P. 9 Los tres prólogos de la edición francesa de 1911
15 Introducción de Guillaume Apollinaire a la edición francesa de 1913
19 *Epistolae Novae Obscurorum virorum,* Guillaume Apollinaire

Memorias de una cantante alemana
25 Primera parte
151 Segunda parte

Los tres prólogos
de la edición francesa de 1911

Nota aclaratoria

Las *Memorias de una cantante,* el libro más famoso de la literatura erótica alemana, ha aparecido recientemente en francés. Estas *Memorias* han sido atribuidas a Wilhelmine Schröder-Devrient, la célebre cantante, quien, junto con la Sonntag, entusiasmó al público de su tiempo. Ningún hecho, ningún documento histórico asegura que esta atribución sea acertada. Claire de Glümer, amiga y biógrafa de la Schröder, no habla jamás de estas *Memorias*.

Sin embargo, sabemos, a través de múltiples anécdotas que nos han sido reveladas, que la vida y la carrera de la Schröder fueron muy agitadas; su carácter violento la sacaba con frecuencia de sus casillas, y tuvo muchas aventuras sentimentales.

Historias bastante escabrosas que ya circulaban sobre ella mientras vivía justificarían, hasta cierto punto, el hecho de que se le atribuyan estas *Memorias;* pero, repito, no tenemos conocimiento de documento histórico alguno que lo pruebe de manera definitivamente científica. Apasionadas investigaciones de eruditos alemanes sobre la cuestión demostraron, no obstante, la identidad del estilo de la señora Schröder-Devrient con el de estas *Memorias;* y cada día son más los partidarios de la idea de que ella es realmente la autora del más famoso libro erótico alemán.

Ahora bien, el autor de la traducción francesa dice estar en poder de los papeles póstumos de la señora Schröder-Devrient y publica varios pasajes inéditos. ¡Qué suerte y qué buena idea! Algo que sin duda regocijará a los eruditos alemanes. Pero, al abrir el libro, el lector queda rápidamente defraudado. Esta traducción no sólo no aporta documento nuevo alguno que pueda aclarar de una vez la cuestión de la paternidad de estas *Memorias,* sino que, por supuesto, el traductor no tuvo jamás en su poder papel alguno de la Schröder. Todo ello no son más que afirmaciones gratuitas, osadas y hábilmente concebidas con fines publicitarios y de lucro.

Esta traducción es generalmente incompleta y, además de no llevar texto inédito alguno, muchos fragmentos han sido totalmente modificados. Todos los pasajes demasiado fuertes, demasiado arriesgados, y en especial los diálogos, han sido enteramente distorsionados y suavizados; tanto es así que las escenas y los personajes del libro pierden carácter, relieve. Han adquirido un aire muy «francés» de ligereza y amable libertinaje que no está en absoluto en el original, a la vez más complicado y más cínico sin ser tan perverso *(sic).*

Traduttore, traditore. El traductor francés, pese a su ridículo pudor, herido por palabras concretas, ha hecho que este libro sea mucho más peligroso de lo que es en realidad, ya que oculta detrás de seductoras perífrasis lo que, en el original, no figuraba más que para provocar la indignación y alejar el mal.

Hemos, por lo tanto, restituido a este libro el carácter que tiene en alemán.

Conservamos de la traducción los pasajes bien traducidos y ajustamos todos los demás.

Dr. H. E.

Prólogo a la edición alemana

El editor de estas *Memorias* sólo puede decir, a manera de prefacio, que la obra en cuestión no es un producto de la fantasía ni una invención. Al contrario, este libro ha salido verdaderamente de la pluma de una de las cantantes aplaudidas antaño con más frecuencia, una cantante cuya voz admirable fue a menudo admirada con asombro por muchos de nuestros contemporáneos, que la cubrieron de aplausos entusiastas en sus diversos papeles y que se acordarían sin duda de ella si la discreción no nos prohibiese citar su nombre. Pero para el lector atento estas seguridades que ofrecemos en cuanto a la autenticidad de las *Memorias* son innecesarias. La obra delata lo bastante a una pluma femenina como para que quepa duda alguna. Sólo una mujer podía contar la carrera de una mujer con tanta verdad psicológica. Sólo una mujer puede describirnos todas las fases y cambios de un corazón femenino, como aquí acontece, e introducirnos paso a paso –tras el primer despertar de sus juveniles sentidos– en el secreto de los errores que hubiesen destruido sin duda la dicha de su vida si un acontecimiento extremadamente feliz no le hubiese ahorrado las últimas consecuencias de sus faltas.

Si estas *Memorias* fuesen sólo el producto de la fantasía, podría reprochársele al editor la publicación de un libro inmoral y deleitarse con objetos cubiertos perpetuamente por un velo en las costumbres de todos los pueblos. Pero si son auténticas, constituyen un documento del más alto interés psicológico y, en esa misma medida, el reproche de inmoralidad se desmorona. Nada humano debe sernos extraño. Si queremos comprendernos y comprender bien el mundo, debemos igualmente seguir al hombre en el sendero de sus errores, pero no para imitar esos yerros sino para alejarnos de ellos.

En tal sentido, estas confesiones de una mujer inteligente, que pinta con colores tan vivos y verdaderos las consecuencias terribles de los excesos, no son inmorales; al revés, son muy morales.

En cuanto al reproche de que este libro podría caer en manos de una joven lectora, a quien convendría mejor no estar informada de estas cosas, respondemos que el mal no es la ciencia sino la ignorancia, y que una mujer precavida en cuanto a las consecuencias de la sensualidad se deja seducir con mucha más dificultad que una novicia crédula e ingenua.

El editor está convencido de que no falta a la moral ni corrompe las costumbres con la publicación de estas cartas, a pesar de la opinión contraria de algunos pedantes demasiado mezquinos.

El editor

Prólogo del destinatario

Cuando conocí a esa cantante a la que tantas veces habéis aplaudido, yo vivía un período doloroso, y ella tampoco era feliz.

No le hice la corte, y, como ella era consciente de ser todavía hermosa y admirada, mi actitud despertó su confianza. En respuesta a mis preguntas, decidió contarme por carta los hechos de su atormentada vida.

Habiéndome excitado muchísimo con la lectura de sus cartas, pensé que no podía morir sin haberla poseído, y debo confesar que, si bien ella estaba por entonces ya muy lejos de ser una jovencita, cuando me concedió la satisfacción de mis deseos seguía siendo tan agraciada que no había visto jamás un cuerpo tan hermoso y un vello tan fino y rizado en la piel como tan sólo había admirado en las estatuas en las que los escultores los han representado.

Me permitió la completa posesión de sus encantos y tuve el placer de darle por el culo, lo cual hice con entusiasmo. Su trasero resplandecía mucho más que la luna y casi tanto como el sol. Y cuando me retiré de esos oscuros parajes, comprobé que aquella mujer admirable tenía entrañas, ya que sus materias fecales engrasaban mi respetable miembro de tal forma que no pude decidirme a lavarlo enseguida. Antes, lo limpié cuidadosamente con mi pañuelo, que he conservado desde entonces.

Y, si los lectores han advertido el color de la cubierta de este volumen, tan parecido al de las manchas en cuestión, habrán admirado como yo la delicadeza del color rojizo que destilaba el magnífico trasero que no volveré a ver.

Sólo las hojas en otoño adquieren un color tan seductor y tan melancólico.

H. von G., Dr. Med.

Introducción de Guillaume Apollinaire a la edición francesa de 1913

Es extraño que el libro, tan célebre en Alemania, titulado *Aus den Memoiren einer Sängerin* no haya sido jamás traducido al francés. Es una obra muy interesante, no sólo desde el punto de vista de la biografía de la protagonista, sino también desde el punto de vista de las anécdotas curiosas que contiene sobre las costumbres de los distintos países en los que vivió. Encierra, además, observaciones psicológicas de primer orden.

La obra apareció en dos tomos, y ya se ha debatido lo bastante acerca de la fecha de estas publicaciones. H. Nay, en su *Bibliotheca Germanorum Erotica,* brinda las siguientes informaciones bibliográficas: *Aus den Memoiren einer Sängerin,* Verlagsbureau, Altona, tomo I, 1862; tomo II, 1870.

Pisanus Fraxi, en su *Index librorum prohibitorum,* da las siguientes fechas: Berlín, tomo I, 1868; tomo II, 1875.

Más adelante, el mismo autor vuelve a la opinión de H. Nay en lo que se refiere al lugar de impresión, Altona. El Dr. Duehren aporta, por otra parte, los siguientes datos: dos tomos *in octavo* (Altona), Boston, Reginald Chesterfield, tomo I, 1862; tomo II, 1870.

La obra ha sido muchas veces impresa en Alemania, donde la más reciente lleva el siguiente genérico: *Aus den*

Memoiren einer Sängerin. Boston, Reginald Chesterfield, en el primer tomo, y *II, Chicago, Gedrückt auf Kosten Guter Freunde* en el segundo tomo. El primer volumen está impreso en cuarto, con 235 páginas, más el dorso blanco de la última página y dos portadillas no impresas detrás de la cubierta. La cubierta lleva en la carátula exterior una orla tipográfica que contiene: *Memoiren einer Sängerin, I. Chicago, Gedrückt auf Kosten Guter Freunde,* en el primer tomo, mientras en el segundo puede verse: *II, Chicago;* la carátula exterior del dorso lleva una orla con un florón en el centro.

A H. Nay no se le había ocurrido investigar quién era el autor de esta obra singular. El primero en atribuir estas *Memorias* a la célebre cantante Schröder-Devrient fue Pisanus Fraxi. Es la confianza depositada en lo que afirma Fraxi en su *Index* la que induce a Duehren, por un lado, y a Eulenburg, en *Sadismus und Masochismus,* a atribuir a la célebre Wilhelmine Schröder-Devrient la responsabilidad de esta autobiografía, la única autobiografía femenina que pueda compararse a las *Confesiones* de J.-J. Rousseau o a las famosas *Memorias* de Casanova.

Ahora bien, Pisanus Fraxi no apoya su opinión sobre prueba alguna: «Se afirma –dice– que estas *Memorias* son una autobiografía de la célebre y conocida señora Schröder-Devrient», y añade más adelante que el sobrino de la cantante habría encontrado, tras la muerte de ésta, unos papeles que habría editado algún día.

Debo decir que, tras un examen atento, el estilo de las cartas de Wilhelmine Schröder-Devrient no recuerda enteramente el de las *Memorias* que se le atribuyen, pero que, pese a diferencias biográficas que bien pudieron ser introducidas por editores, algunos detalles encajan bastante bien en la atribulada existencia de la célebre cantante, y que, a fin de cuentas, no sería nada imposible que se tratara de unas memorias redactadas según algunos fragmentos, algunas indicaciones, algunas cartas encontradas entre los papeles de la Schröder.

Wilhelmine Schröder-Devrient, que había nacido en Hamburgo el 6 de diciembre de 1804, murió en Coburgo el 26 de enero de 1860, o sea dos años antes de que se publicaran sus *Memorias*. No es nuestra intención extendernos aquí sobre la vida ni la carrera artística de la señora Schröder-Devrient. La responsabilidad que se le atribuye como autora de las *Memorias* descansa sobre bases demasiado frágiles para que podamos considerarla definitivamente como su autora. Hay que añadir, sin embargo, que lo que sabemos de su carácter no es en absoluto incompatible con lo que revelan los escritos en cuestión. El infeliz asunto de su segundo matrimonio podría ser tomado como una prueba de autenticidad de estas *Memorias*. Su segundo marido se llamaba Von Döring y la había hecho muy desgraciada; ella no se refería a él más que llamándolo «el diablo» y se esforzaba por olvidarlo por completo. Cuando murió estaba casada con un gentilhombre holandés, que se llamaba Von Bock, y en la lápida de su tumba se gravó: «Wilhelmine von Schröder-Devrient».

Sin embargo, parece inverosímil que una mujer que había conocido a Beethoven y en cuyo álbum Goethe había escrito unos versos, no se refiera a ellos en sus *Memorias*.

Sea como sea, nos encontramos quizás en presencia de una rapsodia escrita por un falso memorialista, que hubiera añadido a algunos detalles y a algunas anécdotas de la vida de la señora Schröder-Devrient otras historias de su propia cosecha. Quizá también nos encontremos en presencia de unas memorias escritas realmente por una mujer, una cantante, que no fuera Wilhelmine Schröder-Devrient. Esta hipótesis parece, por otra parte, la más probable, ya que no podemos poner en duda el hecho de que esta obra sea de una mujer. Hay en las *Memorias* demasiada información sincera y característica de la psicología femenina.

Epistolae Novae Obscurorun virorum
Guillaume Apollinaire

Gottfried Hinterteil, *librero en Estrasburgo, Alsacia,* a Moritz Damerlag, *Consejero de Regencia en Colonia.*

Hemos enterrado con alegría el carnaval. Quizá no tan alegremente como en Colonia. La ciudad de los Reyes Magos y de Stollweck es demasiado célebre, señor Consejero de Regencia, por la sublime alegría de sus habitantes para que pueda comparar nuestro modesto carnaval con el de sus Marizibill, Drikkes, Haenneschen, etc.

Sin embargo, hemos cantado nuevas canciones:

Ich bin heut' furchtbarechauffiert
Mir ist ein gross' malheur *passiert!* etc.

y antiguas también; *El pequeño Cohn,* por ejemplo, sigue teniendo el mismo éxito este año.

A decir verdad, los poetas locales no se han roto la cabeza, ni Pegaso ni Febo han asomado en los sueños de nuestros jóvenes. *Olim,* cuando era joven, nos gustaban las *recreationes animi* y, cual intrépidos jinetes, conducíamos nuestros sueños alrededor del sol, hasta la caída.

Hoy, la juventud se emborracha con cerveza, señor Consejero de Regencia, o con champán, que es para vomitar: el nuestro, el famoso *Sect* alemán. Los adolescentes ya no conocen siquiera los nombres de las malvasías y de los moscateles que Hebea se empeñaba en servirnos ella misma, mientras Momo presidía nuestros devaneos.

La verdad es que nuestra juventud está muy tranquila y que fueron los oficiales los que animaron el carnaval. Eso nos alegra, de hecho, porque conocemos de sobra los sentimientos de honor de nuestros oficiales para temer escándalo alguno. Y soy de la opinión de que estaríamos bastante menos tranquilos si nuestros burgueses se divirtieran solos.

A propósito, compruebe qué liberal es el espíritu que anima nuestro glorioso ejército. Los oficiales han convertido en un éxito el libro de Bilse, en la traducción francesa, se entiende. Me arriesgo ya demasiado al vender *Petite garnison (Pequeña guarnición);* pero no me atreveré a vender la edición alemana, corro menos riesgo vendiendo *Memoiren einer Sängerin* u otras obscenidades.

Otra cosa: me enteré, el Lunes de las Rosas, de cosas muy interesantes acerca de esta traducción francesa. El pobre Bilse expurga en la cárcel el crimen de haber escrito un libro cuyo valor desconozco, ya que, en mi calidad de librero, no leo las obras y no sé más que unas pocas palabras de francés, pero, en fin, este hombre está en prisión y ganamos dinero con lo que motivó su caída, precisamente porque, cuentan, ha querido deshonrar a nuestro ejército. Bilse se queja de su traductor francés, que, al parecer, se ha embolsado su buen dinero por la traducción, pero ha olvidado que un tal Bilse existe en una cárcel alemana.

La verdad es que se vive como se puede. Así va el mundo. Los ausentes hacen mal de estar ausentes.

Le recomiendo a mi quinto hijo, señor Consejero de Regencia, ¡los empleados administrativos necesitan tanta protección! Además, nuestro Gustav no tiene mal gusto y prefiere los buenos vinos a las buenas cervezas...

Le ruego también que no diga a nadie que estoy vendiendo la traducción francesa del libro de Bilse. Un librero de Hannover me ha pedido varios ejemplares, uno de los cuales es para el mariscal Waldersee.

Volviendo al carnaval, nuestros oficiales han paseado en un enorme carro cerrado donde armaban un alboroto bastante divertido: todos gritaban, uno imitando al ternero, otro al cerdo, otro al cordero, etc., etc. Nuestras tres hijas, que habían ido a verlo en la plaza Kléber, volvieron casi enfermas de risa, etc., etc.

Memorias de una cantante alemana

Primera parte

1

¿Por qué ocultaros algo? Habéis sido siempre un amigo verdadero y desinteresado. En las situaciones más difíciles de la vida me habéis hecho favores tan importantes que bien puedo confiarme completamente a vos. Por otra parte, no me sorprende vuestro deseo; en nuestras conversaciones del pasado observé a menudo que sentíais una gran inclinación a escrutar y reconocer los resortes secretos que en nosotras, las mujeres, son motivo de tantas acciones que los hombres –incluso los más espirituales– se explican difícilmente.

Ahora las circunstancias nos han separado, y probablemente nunca volveremos a vernos. Recuerdo siempre con mucha gratitud que me socorristeis durante mi gran desgracia. En todo lo que habéis hecho por mí, nunca pensasteis en vuestro interés sino en el mío. Sólo de vos dependía obtener todos los signos de favor que un hombre puede desear, conocíais mi temperamento, y yo tenía debilidad por vos.

Ocasiones no nos han faltado, y a menudo admiré vuestro autodominio. Sé que sois tan sensible como yo en ese punto; me habéis repetido a menudo que mi ojo es penetrante y que supero en razón a la mayoría de las mujeres. Si no creyerais eso no me pediríais que os comunicase, sin ambages y sin falsa modestia (que yo misma considero hipócrita), mis experiencias y mi concepción del «pensar» y el «sentir» de la mujer con respecto al momento más importante de su vida, el amor, y su unión con el hombre. Vuestro deseo me molestó mucho al principio, pues dejadme comenzar esta confesión exponiendo un rasgo bien femenino y muy característico: nada más difícil para nosotras que ser enteramente sinceras con un hombre. Las costumbres y la presión social nos obligan desde nuestra juventud a tener mucha prudencia, y no podemos ser francas sin peligro.

Cuando hube reflexionado bien sobre lo que me pedíais y, ante todo, cuando recordé todas las cualidades del hombre que se dirigía a mí, vuestra idea comenzó a divertirme. Intenté entonces relatar algunas de mis experiencias. Ciertas cosas, que exigen una sinceridad absoluta y que no acostumbramos a expresar, mantenían en mí la vacilación. Pero me esforcé –pensando así complaceros–, y me dejé invadir por el recuerdo de las horas felices disfrutadas. En el fondo, lamento una sola, aquella cuyas consecuencias dolorosas me hicieron recurrir a vuestra amistad para no sucumbir. Tras esa primera vacilación, sentí un goce violento relatando todo aquello que he vivido personalmente y lo que otras mujeres han sentido. Mi sangre se agitaba del modo más agradable a medida que fantaseaba con los más pequeños detalles. Era como un renovado gustar de las voluptuosidades ya disfrutadas y de las cuales no me avergüenzo, como bien sabéis.

Nuestras relaciones han sido tan íntimas que sería ridículo querer mostrarme a una falsa luz; pero salvo vos y el desdichado que tan miserablemente me engañó, nadie me conoce. Gracias a mi sentido práctico he conseguido siempre esconder mi ser íntimo. Eso se debe a un encadenamiento de causas extraordinarias más que a mi propio mérito.

Entre los conocidos tengo fama de mujer virtuosa y, por así decirlo, fría. Pero pocas mujeres han gozado tanto de su cuerpo hasta los treinta y seis años. ¿De qué sirve, con todo, este largo prefacio? Os envío lo que escribí estos últimos días; juzgaréis vos mismo hasta qué punto he sido sincera. He intentado responder a vuestra primera pregunta, y he podido convencerme de vuestra afirmación: que el carácter sexual se forma a partir de las circunstancias particulares en las cuales se revelaron los velados misterios del amor; creo que ése ha sido también mi caso.

Proseguiré estas confesiones con diligencia; con todo, no recibiréis una segunda carta antes de haber contestado a la presente. Mientras tanto, reconozco divertirme con esta equívoca manera de escribir mucho más de lo que podía suponer. Vuestro noble carácter me garantiza que no abusaréis de mi confianza. ¿Qué habría sido de mí sin vos, sin vuestra amistad y sin vuestros valiosos consejos? Bien lo sé: un pobre ser, miserable, solitario y deshonrado a los ojos del mundo; además, sé también que algo me amáis, a pesar de vuestra aparente frialdad y de vuestro desinterés. Saludad, etc., etc.

Dresde, 7 de febrero de 1851

2

Mis padres, gente bien pero en modo alguno opulenta, me dieron una educación ejemplar. Gracias a la vivacidad de mi carácter, a mi gran facilidad para aprender y a mi talento musical precozmente desarrollado, era la niña mimada de la casa, favorita de todos los conocidos.

Mi temperamento no había hablado todavía. Cuando tenía trece años, otras jovencitas me informaron sobre la diferencia entre el sexo masculino y el femenino, y me contaron que la historia de la cigüeña era una fábula y que con ocasión del matrimonio debían acontecer cosas extrañas y misteriosas; pero por entonces mi único interés en esos chismes era por curiosidad. A esta curiosidad sólo empezó a añadirse algo de complacencia con los primeros signos de la pubertad, cuando un ligero toisón de vello rizado apareció allí donde mi madre nunca toleraba el desnudo total, ni siquiera con ocasión de mi aseo. Cuando estaba sola examinaba ese incomprensible brote de pelillos y los alrededores de ese lugar precioso; sospechaba que debía de tener gran importancia, pues el mundo lo escondía y velaba con el mayor cuidado. Al levantarme, cuando me sabía sola tras las puertas cerradas, descolgaba un espejo, lo situaba ante mí y lo inclinaba lo bastante para verlo todo nítidamente. Abría con los dedos aquello que la naturaleza ha cerrado cuidadosamente, y comprendía cada vez menos la explicación de mis compañeras sobre el modo en que se hacía la unión más íntima del hombre y la mujer. Constataba por la vista que todo eso era imposible. En las estatuas había visto cómo la naturaleza nos había dotado a nosotras de modo distinto al hombre. Pero sólo podía examinarme cuando me lavaba con agua fría, los días de entre semana, mientras estaba sola y desnuda, porque los domingos –en presencia de mi madre– debía estar cubierta de las caderas a las rodillas. Por otra parte, pronto atrajo mi atención la redondez cada vez más pronunciada de mis senos, la forma cada vez más plena de mis caderas y mis muslos. Esta constatación me produjo un placer incomprensible. Me hice soñadora. Intentaba explicar del modo más barroco aquello que me resultaba imposible de entender. Recuerdo muy bien que en esa época comenzó mi vanidad. También en esos tiempos me asombraba a mí misma por las noches en la cama, cuando sorprendía una mano puesta sin conciencia sobre el bajo vientre y la veía jugando con los pelillos nacientes. El calor de mi mano me divertía; pero era incapaz de suponer todo cuanto dormía aún en ese lugar. Por lo general, cerraba los muslos en torno a la mano, y en esa posición me entregaba al sueño.

    Mi padre era un hombre severo, y mi madre un ejemplo de virtud femenina y buen porte. Yo los respetaba mucho y los amaba apasionadamente. Mi padre no tonteaba jamás y, en mi presencia, jamás dirigía una palabra tierna a mi madre; estaban ambos bien hechos. Mi padre tenía aproximadamente cuarenta años, y mi madre treinta y cuatro.

Jamás hubiera creído que, tras un exterior tan serio y unas maneras tan dignas, se escondiera tanta sensualidad secreta y semejante apetito de goce. Un azar me lo enseñó.

Tenía catorce años y seguía la enseñanza religiosa requerida para mi confirmación. Amaba a nuestro pastor con un amor exaltado, como todas mis compañeras. He observado a menudo, después, que el instructor, muy especialmente el instructor religioso, es el primer hombre que deja una impresión duradera en el espíritu de las jovencitas. Si su sermón se sigue y es un hombre destacado en la comunidad, todas sus jóvenes alumnas se prendan de él. Volveré otra vez sobre este punto, que se encuentra en la lista de vuestras preguntas.

Tenía, pues, catorce años y mi cuerpo estaba completamente desarrollado, incluyendo ese signo esencial de la mujer que es la flor periódica. Se acercaba el día del aniversario de mi padre. Mi madre hizo los preparativos con amor. A primera hora de la mañana ya estaba yo toda vestida de fiesta, porque mi padre se complacía con los trajes bonitos. Vos ya conocéis mi pequeño talento poético, y para aquel día había compuesto unos versos. Quede entre nosotros que el pastor debía corregir esos versos, con lo cual tenía yo un pretexto para ir a su casa. Había preparado también un gran ramo de flores.

Mis padres no tenían un cuarto común. Mi padre trabajaba frecuentemente hasta muy avanzada la noche, y no quería molestar a mi madre; eso decía, al menos. Más tarde vi en ello un signo evidente de su sabia manera de vivir. Los esposos debían evitar en todo lo posible el relajamiento cotidiano. Todos los cuidados que exigen levantarse, acostarse y el aseo nocturno son a menudo bastante ridículos; destruyen bastantes encantos, y la vida común pierde su atractivo. Por eso, mi padre no dormía en el cuarto de mi madre. Solía levantarse a las siete.

El día del aniversario, mi madre se levantó a las seis para preparar los regalos y concluir el retrato de mi padre. Hacia las siete, se quejó de estar cansada y dijo que iba a acostarse otra vez un momentito, hasta el despertar de mi padre.

Dios sabe de dónde me vino esa idea, pero pensé que sería muy cariñoso de mi parte sorprender a papá en el cuarto de mi madre y presentarle allí mis felicitaciones. Le había oído toser en su cuarto. Por lo mismo, estaba levantado ya, y vendría pronto. Mientras mi madre daba sus últimas órdenes a la sirvienta, me deslicé en su dormitorio y me oculté tras la puerta acristalada de una alcoba que nos servía de guardarropa. Feliz y orgullosa con mi plan, aguardaba sin aliento tras la puerta acristalada cuando entró mi madre. Se desnudó rápidamente hasta la camisa, se sentó sobre el bidet preparado y se lavó cuidadosamente. Por primera vez veía el bello cuerpo de mi madre. Ella inclinó un gran espejo que estaba al pie de la cama, cerca del lavabo, y se acostó mientras mantenía fijos los ojos en la puerta. Comprendí entonces la falta de delicadeza que acababa de cometer, y deseé escapar de la alcoba. Un presentimiento me decía que ante mis ojos iban a acontecer cosas impropias para la contemplación de una jovencita. Contenía el aliento y temblaba de pies a cabeza. De repente, la puerta se abrió. Entró mi padre, vestido, como todas las mañanas, con una elegante bata. Bastó que la puerta hiciera el primer ruido y ya mi madre cerró inmediatamente los ojos, aparentando dormir. Mi padre se acercó al lecho y contempló a mi madre dormida con la expresión del mayor amor. A continuación corrió el cerrojo. Yo temblaba más y más, habría querido desaparecer bajo la tierra. Mi padre se quitó lentamente los calzones. Ahora estaba en camisón bajo la bata. Se aproximó a la cama y levantó con precaución la fina colcha. Bien sé ahora que, si mi madre estaba allí con los grandes muslos abiertos, una pierna doblada y otra extendida, no era por puro azar, como ingenuamente pensé entonces. Veía por primera vez otro cuerpo de mujer, pero pleno, en total florecimiento, y pensaba con vergüenza en el mío, tan inmaduro aún. El camisón estaba levantado, nada oculto había; un seno blanco y redondo desbordaba sobre los encajes.

Bien pocas mujeres he ido conociendo después con suficiente osadía para presentarse así ante el marido o amante.

Mi padre bebía este espectáculo con los ojos. Al poco se inclinó dulcemente sobre ella, se humedeció un dedo en la boca y lo llevó a ese punto del que sus ojos no lograban despegarse. Una vez allí, lo paseó con delicadeza de arriba abajo. Mi madre suspiraba; luego levantó la otra pierna y comenzó a hacer extraños movimientos de caderas. Enrojecí de vergüenza; quise desviar la mirada, pero no era capaz. Los movimientos de caderas se aceleraban, mi padre humedeció su dedo por segunda vez, y en esta ocasión lo introdujo tan profundamente que su mano pareció perderse bajo el espeso toisón rizado. En ese momento mi madre abrió los ojos, como si acabara de despertarse con sobresalto y, mientras cerraba violentamente los muslos en torno a la mano ahora cautiva de mi padre, dijo con un profundo suspiro:

−¿Eres tú, querido? Justamente estaba soñando contigo. ¡Qué modo encantador de despertarme! ¡Enhorabuena mil veces por tu cumpleaños!

−Lo más hermoso de todo me lo otorgas tú, permitiendo que te sorprenda. ¡Qué bella estás hoy! ¡Tendrías que verte!

−¡Pero mira que sorprenderme de modo tan imprevisto! ¿Has corrido el cerrojo?

−No temas. Pero si quieres realmente desearme felicidad, abre otra vez tus muslos. Estás tan fresca y perfumada como una rosa llena de rocío.

−Todo te lo permito, ángel mío. Pero ¿no preferirías esperar a la noche?

−No hubieses debido exponerte de un modo tan embriagador. ¡Tócame, podrás convencerte de que me es imposible esperar más!

Cayó entonces sobre ella, y los besos no querían cesar. Sin embargo, conservaba siempre su mano en el mismo lugar, más amorosa y acariciante que nunca, y vi cómo la mano de mi madre se deslizaba furtivamente bajo el camisón de su marido. Los besos se hicieron más ardientes. Mi padre le besaba el cuello y los senos, sorbía los pequeños botones rosa, descendía cada vez más y acabó fijando sus caricias en el centro mismo de todas las gracias femeninas. Cuando mi madre sintió esa caricia, se situó en posición atravesada sobre la cama, y mi padre se arrodilló. Separó los muslos con ambas manos y sus labios no abandonaron por un solo instante la fuente de su placer. Puesto que me daba la espalda, no pude ver lo que estaba haciendo, pero por las ligeras exclamaciones de mi madre deduje que experimentaba un placer extraordinario. Sus ojos se humedecieron, sus senos temblaron, sus muslos se agitaron convulsivamente mientras jadeaba y suspiraba:

–¡Qué goce! ¡Un poco más arriba! ¡Qué encantador eres! ¡Chupa, chupa! ¡Así! ¡Ay, que ya viene! ¡Oh, por qué no podré besarte yo también! ¡Cielos! ¡Un poco más abajo, con la lengua! ¡Más deprisa! ¡Ah! ¡Ah! ¡Está brotando! ¡Me.., ah..., para! ¡Es demasiado! ¡Qué voluptuosidad! ¡Ah! ¡Ah!

Cada una de esas palabras quedó fijada en mi memoria. ¡Cuántas veces las he repetido mentalmente! ¡Cuánto me han hecho reflexionar y soñar! Aún me parece estar oyéndolas. Y escuché también un pequeño pedo... creo que dejado escapar por mi madre.

Hubo un momento de pausa. Mi madre permanecía inmóvil, con los ojos cerrados, el cuerpo relajado, los muslos reposando sobre el borde de la cama. Ya no tenía ante mí un padre severo ni una madre virtuosa y digna. Veía a una pareja de seres que, ignorando toda convención, se lanzaban deslumbrados y ebrios a un gozo ardiente que yo desconocía. Mi padre permaneció inmóvil un instante y luego se sentó en el borde de la cama. Sus ojos abrasadores tenían una expresión salvaje, incapaces de abandonar siquiera un instante el punto de su codicia. Mi madre temblaba voluptuosamente. En cuanto a mí, ese espectáculo me quitaba la respiración, me hacía sentirme al borde de la asfixia, mientras el corazón latía con excesiva fuerza. Brotaron mil pensamientos en mi cabeza, y estaba muy inquieta por lograr salir de mi escondrijo sin ser vista. Pero mi incertidumbre no duró nada, porque todo cuanto acababa de ver era un mero preludio. La continuación me enseñó lo bastante para, en lo sucesivo, no necesitar jamás lecciones.

Mi padre estaba sentado al costado de mi madre, que se hallaba tumbada. Ahora su rostro estaba vuelto hacia mí. Debió de sentir calor, porque de repente se quitó el camisón y la bata. De este modo vi súbitamente aquello que más me hiciera reflexionar en los relatos de mis amigas.

La curiosidad me excitaba tanto que casi lloraba. ¡Qué distinto era eso de todo cuanto había yo visto en estatuas y niños! Recuerdo muy bien que tenía miedo y que, sin embargo, un escalofrío delicioso me recorrió la espalda. Mi padre continuaba mirando fijamente a mi madre, mientras con una mano parecía dominar su rebelde miembro, porque lo acariciaba dulcemente, y vi que desnudó su punta. Yo temblaba más y más, y mis muslos se crispaban violentamente, como si algo hubiera de acontecer.

Ya sabía por los relatos de mis amigas que esas dos partes expuestas por primera vez a mi vista se pertenecían. Pero ¿cómo era eso posible? No podía comprenderlo, porque su tamaño me parecía desproporcionado. Tras una pausa de escasos instantes, mi padre tomó la mano inanimada de mi madre y la llevó sobre aquello que atraía irresistiblemente a mis ojos. Cuando ella percibió aquello que le ponían en la mano, abrió los ojos, sonrió con expresión de felicidad y se lanzó con tal pasión sobre los labios de mi padre que comprendí inmediatamente que sólo había visto los preliminares inocentes de su encuentro. Ninguno de los dos hablaba, y ambos se desnudaron tras intercambiar los besos más ardientes, mientras la mano de mi padre continuaba entre los muslos de mi madre y la mano de mi madre entre los muslos de mi padre.

A continuación mi madre se colocó sobre un montón de cojines que le levantaban las nalgas, y observé que se movía de un lado para otro; por último, encontró la posición más favorable para poder contemplarse cómodamente en el espejo, que había colocado al pie de la cama antes de llegar mi padre. Mi padre no se dio cuenta, porque miraba menos el bello rostro radiante de mi madre que sus muslos. En realidad, sus muslos estaban ahora muy separados, y mi padre se arrodilló entre ellos. Yo lo veía todo nítidamente. Pensé que mis ojos iban a estallar, hasta tal punto los dilataba la curiosidad. Mi madre tomó entonces la salvaje lanza de su marido y la dirigió hacia esa grieta maravillosa; la humedeció con saliva, frotó varias veces el lugar de arriba abajo mientras dejaba escapar varios suspiros y dijo:

–Suavemente, querido, para que gocemos juntos. El primer chorro ha sido tan abundante que el segundo no vendrá tan pronto. No me abandones antes.

Yo, pobre niña ignorante, ¿qué podía comprender de esas palabras? Vi el miembro de mi padre desaparecer en su abertura. En lugar de gritar de dolor, como esperaba, los ojos de mi madre brillaron de voluptuosidad, y entrelazó sus dos piernas sobre los riñones de mi padre para hundirlo todavía más profundamente en ella. Sus ojos ardientes seguían por el espejo todos los movimientos de mi padre. Los mil sentimientos que entonces me agitaban no me permitieron considerar cuán bellos eran esos dos cuerpos enlazados, pero hoy sé que tal belleza es extremadamente rara. Cuando mi padre consumó la penetración, tras unos minutos de inmovilidad, mi madre redujo un poco el abrazo de sus muslos. En ese momento mi padre se retiró, extrajo la flecha abrasada y roja, y volvió a hundirla hasta la raíz. Mi madre balanceaba las caderas, acudía a su encuentro. A cada sacudida crecía su voluptuosidad. Desgraciadamente, yo no veía el rostro de mi padre; pero por sus movimientos cada vez más desenfrenados percibía que la embriaguez iba dominándole. No hablaba, actuaba. Mi madre, en cambio, dejaba escapar palabras incoherentes, pero que de todos modos me permitían captar lo que estaba sucediendo entre ellos:

–¡Ahí, más profundo, mi único amor! Llega hasta el final. No. Más suave. ¡Ah! ¡Qué potente estás hoy! ¿Gozas? Me siento toda húmeda del primer chorro, eso debe de darte placer. ¡Más deprisa ahora! ¡Así! ¡Oh!, así me gusta. Todavía no te viene, ¿eh? ¡Lánzate hasta el final! ¡Ah! ¡Ah! ¡Qué pena, te has derramado ya y yo no estoy preparada! ¡Qué efusión! ¡He sentido ese chorro ardiente hasta el corazón!

Mi padre seguía sin decir nada. Sus movimientos se habían acelerado. Parecía haber perdido todo recato. No había el menor intervalo entre la entrada y la salida. Su cuerpo fue presa de contorsiones. Resoplaba, temblaba, nerviosas sacudidas agitaban sus muslos. Al fin se hundió tan profundamente que cayó sobre mi madre, inmóvil, como muerto, perdida la cabeza en los agitados senos de su esposa. Luego, agotado, se volvió de costado. Mi madre cogió una toalla y, mientras le secaba, tuve tiempo de observar el cambio que se producía en ambos. Lo que había sido tan grande, tan amenazador y tan rojo en mi padre era ahora un miembro pequeño, tranquilo, minúsculo; la punta estaba cubierta por una espuma blanquecina que mi madre secaba. Pero lo que había estado bien cerrado y apenas visible en mi madre estaba ampliamente abierto, ostentoso, rojo. Fluía de allí una espuma blanquecina que parecía haber inundado toda la caverna. Y yo, pequeña simple, no comprendía de dónde podía provenir eso. Mi madre tomó agua, lavó primero a mi padre con mucha ternura, y luego llenó una pequeña jeringa de pito curvo, se la introdujo y se lavó a fondo.

Por último, se volvió a acostar junto a mi padre, que estaba inmóvil y con expresión soñadora. Tenía un aire satisfecho, pero no así mi madre. Parecía presa de la misma excitación que se había apoderado de él cuando la besaba entre los muslos. Mientras hacía su aseo movió como por casualidad el espejo, y mi padre, que estaba ahora en el lugar antes ocupado por ella, sobre el almohadón, no podía en modo alguno ver la imagen que tanto había complacido a mi madre. Yo había seguido esta escena con tanta atención que este pequeño gesto no se me escapó, pero sólo pude explicármelo mucho más tarde. Creí que todo había terminado ya. Mis sentidos estaban violentamente agitados, hasta el punto de hacerme sentir casi mal. Pensaba en escabullirme sin delatar mi presencia, pero todavía me quedaba algo por ver. Sentada a sus pies, mi madre se inclinó sobre mi padre, lo besó y preguntó tiernamente:

–¿Eres feliz?

–Más que nunca, adorable mujer. Sólo siento que no hayas terminado a la vez que yo. Estaba demasiado excitado, no podía contenerme. Brotaba como un chorro de agua.

—Eso carece de importancia. En tu aniversario sólo busco tu placer. Además, he gozado divinamente la primera vez.

Diciendo esto, mi madre se inclinó sobre él y se puso a besar ese sitio que él había adorado tanto en ella. Yo veía ahora mucho mejor lo que estaba sucediendo. Al principio, ella se limitaba a besar su exterior, acariciándolo y jugando delicadamente con el miembro. Luego lo tomó por entero en la boca, y el rostro de mi padre se vio crispado por espasmos. Él le pellizcaba los senos con su mano derecha, pero pronto la llevó a la intersección de sus voluptuosos muslos, que se abrieron inmediatamente para dejarle en libertad total. Veía yo su dedo jugando con la abertura, descender luego lentamente y penetrar por completo, mientras que la boca de mi madre era cada vez más ávida. Por último, ¡oh maravilla!, sus caricias resucitaron a ese encantador pequeño, que se levantó y recobró la forma bajo la cual se me había aparecido al principio. Mi madre había logrado sus fines; sus ojos brillaban de ansia, y como mi padre permanecía inmóvil, visiblemente satisfecho con la atrayente ocupación de su mano, mi madre se montó sobre él de golpe. El cuerpo de mi padre estaba entre sus grandes muslos abiertos. El azar había dispuesto todo a mi favor. Veía la escena doblada; la del lecho, cuyos pies tenía ante los ojos, y de espaldas, a través del espejo. Lo que hasta ese momento no había logrado ver sino en parte, aparecía ahora de lleno, tan nítidamente como si yo participara. Jamás olvidaré ese espectáculo. Era lo más bello de cuanto hubiera podido desear. Más bello que ninguno de los gozados desde entonces. Los dos esposos rebosaban salud y fuerza, y ambos estaban sobreexcitados. Mi madre era ahora la activa, mientras que mi padre estaba mucho más tranquilo. Estrechaba las caderas redondeadas y blancas de ella, introducía un dedo en el agujero posterior, marrón y rodeado de pelos, tomaba los pezones de sus senos entre los labios y los chupaba cuando mi madre se inclinaba mucho, pero su bajo vientre permanecía casi inmóvil. En cambio, mi madre estaba en ascuas y se movía con una vivacidad extraordinaria. Usando su mano, dirigió la amenazadora lanza hacia la abertura y se sentó sobre ella, absorbiéndola hasta la raíz. Todo cuanto había visto antes me había consternado y asustado. Pero otros sentimientos me agitaban ahora. Estaba turbada, excitada de un modo incomprensible y muy dulce. Si no hubiese temido arrugar el traje nuevo, me hubiera llevado inmediatamente una mano al lugar donde mi madre parecía experimentar una voluptuosidad indomable. Ella lo había olvidado todo, había pasado de mujer seria y grave a una gozadora desenfrenada. Ese espectáculo era indescriptible. Los miembros robustos de mi padre, las formas redondas, blancas y deslumbrantes de mi madre. ¡Y, sobre todo, esas partes tan infinitamente unidas que se agitaban como si todas las fuerzas vitales de esos dos seres felices se hubieran concentrado en ellas! Cuando mi madre se alzaba, veía los labios de la grieta separarse con pesar del cetro de la potencia viril que, abrazado estrechamente en ella, penetraba unas veces hasta lo más profundo y otras se mostraba desnudo para desaparecer rápidamente.

Mi madre callaba ahora. Ambos parecían gozar en el mismo grado. Ambos aceleraban sus movimientos. Sus ojos se nublaron al mismo tiempo. Y en el momento del máximo éxtasis mi padre dio de repente un gran empujón hacia arriba, como para penetrar por completo en ese encantador refugio, mientras mi madre –abriendo todavía más los muslos– empujaba hacia abajo, como para absorberlo todo. Mi padre gritó: «¡Ya viene, ya viene! ¡Se derrama! ¡Oh, cielos!», y en el mismo instante mi madre decía: «¡Ahí está, ahí está! ¡Qué dulce fuente!». Su trance duró un largo minuto, y luego cayeron abrazados sobre la cama, cubriéndose con la colcha para no enfriarse, con lo cual me vi privada del espectáculo de sus cuerpos.

Estaba como petrificada. Las dos personas hacia quienes había sentido hasta entonces tanto amor y respeto acababan de revelarme esas cosas sobre las cuales se construyen ideas absurdas las niñas. Habían rechazado toda dignidad. Acababan de enseñarme que el mundo, bajo el dominio exterior de las costumbres, sólo busca el goce y la voluptuosidad. Pero no quiero hacer filosofía. Ante todo, quiero narrar.

Permanecieron como muertos bajo las sábanas durante diez minutos. Luego se levantaron; mi padre dio dos o tres azotes en las grandes nalgas de su esposa, se vistieron y abandonaron el cuarto. Yo sabía que mi madre llevaría a mi padre al cuarto donde se exponían los regalos. Esa sala daba a la terraza que llevaba al jardín. Pasados unos minutos abandoné furtivamente mi escondrijo y escapé al jardín, desde donde saludé a mis padres. No sé cómo pude recitar mi poesía y presentar mis parabienes a mi padre, pero él tomó mis dificultades como efecto de la emoción. Con todo, no me atrevía a mirar a mis progenitores; no podía olvidar el espectáculo que acababan de ofrecerme, la imagen de sus embates. Mi padre me besó, y luego mi madre. ¡Qué distintos besos! Yo estaba tan turbada y confusa que mis padres acabaron dándose cuenta. Me moría de impaciencia por volver a mi cuarto y estar sola, para reflexionar sobre lo que acababa de aprender y entregarme luego a experiencias personales. Me ardía la cabeza, la sangre latía con fuerza en mis arterias.

Mi madre creyó que llevaba la ropa demasiado prieta. Me envió al cuarto. Tenía una buena ocasión para desnudarme, y lo hice con tal prisa que casi desgarro el traje. ¡Qué feo era mi cuerpo anguloso en comparación con la belleza abundante de mi madre! Apenas comenzaba a redondearse en mí lo que en ella estaba en plena sazón. El poblado toisón no era en mí sino una ligera espuma. Intenté hacerme con la mano lo que mi padre hacía a mi madre. Frotaba a derecha e izquierda, de arriba abajo, abría todo lo posible los labios de la entrada, pero me era imposible meter un dedo sin experimentar violentos dolores. No obstante, cuando frotaba suavemente en la parte alta, cerca de la entrada, con un dedo húmedo de saliva, tenía sensaciones muy agradables. Pero no podía comprender cómo podrían desencadenar tal delirio y hacer perder el juicio. Deduje, así, que era imposible obtener esa voluptuosidad suprema sin el concurso de un hombre. Comparé entonces al pastor con mi padre. ¿Sería él tan ardiente, tan voluptuoso y tan loco cuando estuviera a solas con una mujer? ¿Se comportaría así conmigo si yo estuviese dispuesta a hacer todo cuanto mi madre había hecho? Y no podía olvidar esa imagen, bella entre todas, cuando para reanimar con caricias el miembro viril, mi madre lo tomó en su boca y lo besó largamente hasta lograr que se levantara vigoroso y desapareciera en ella.

Había vivido diez años en menos de una hora. Fatigada, abandoné todas mis tentativas cuando vi que eran vanas, y me puse a pensar en el futuro. Yo ya era por entonces muy ordenada. Tenía un diario donde anotaba mis pequeños gastos y todas mis observaciones. Allí anoté también enseguida las palabras escuchadas, pero con la precaución de hacerlo en hojas diferentes, para que, aisladas, nadie comprendiese esas frases. Luego me puse a reflexionar en lo que había visto y a fantasear.

En primer lugar, mi madre había fingido dormir y, con su actitud provocativa, había obligado a mi padre a satisfacer su deseo. Pero había ocultado su deseo a mi padre con mucho cuidado. Ella quería fingirse simplemente condescendiente. Luego había colocado el espejo para gozar doblemente y en secreto. Lo que yo misma vi en el espejo me había provocado más placer que la simple realidad, y gracias a él pude observar con nitidez cosas que en otro caso habrían permanecido ocultas. Ella había hecho todos esos preparativos sin saberlo mi padre. Por tanto, no quería en modo alguno confesarle que su goce era superior al suyo, e incluso le había preguntado si no prefería esperar hasta la noche. ¡Ella que todo lo había preparado para aplacar inmediatamente su deseo!

En segundo lugar, ambos habían gritado: «¡Ya viene! ¡Ya viene!». También, en el momento del éxtasis, habían hablado de un chorro, habían gritado al unísono: «¡Me derramo!». ¿De qué hablaban? No lograba entenderlo. No puedo relataros todas las explicaciones estúpidas que me inventé entonces. Sorprende que, a pesar de su astucia natural, las jovencitas busquen largo tiempo en tinieblas y no descubran sino raramente las explicaciones más simples y naturales.

Era evidente que los besos y los juegos no eran lo principal; no eran sino excitantes, aunque mi madre experimentase entonces la más intensa voluptuosidad. Los juegos de mi padre la habían hecho pedir: «más profundo». Probablemente deseaba su lengua, y le había hecho a mi padre la misma cosa.

En resumen, tantos pensamientos se agolpaban en mi mente que no pude calmarme en todo el día. No quería preguntar a nadie. Puesto que mis padres hacían esas cosas a escondidas, debían de estar prohibidas. Acudieron muchas visitas durante el día, y por la tarde llegó mi tío. Iba acompañado por su mujer, por mi prima, una jovencita de dieciséis años, y por una gobernanta de la Suiza francesa. Pasaron la noche en nuestra casa, porque mi tío tenía cosas que hacer en la ciudad el día siguiente. Mi prima y la gobernanta compartieron mi cuarto. Quien debía dormir conmigo era mi prima, aunque yo hubiera preferido hacerlo con la gobernanta, que se acostaba en una cama turca. Tenía unos veintiocho años, era muy vivaz y tenía siempre respuesta para todo. Era indudable que podía enseñarme bastantes cosas. No sabía yo cómo empezar a abordarla, porque era muy severa con mi prima; pero habría podido contar con la intimidad de la noche y el azar. Maquiné mil planes. Cuando subimos a nuestro cuarto, Margarita (pues así se llamaba la gobernanta) ya estaba allí. Había levantado un biombo entre nuestras camas. Nos urgió a acostarnos, nos hizo recitar nuestra oración, nos deseó buenas noches, nos recomendó que nos durmiéramos pronto y se llevó la lámpara a su lado del cuarto. Hubiese podido omitir esas recomendaciones en el caso de mi prima, que cayó dormida tan pronto como tocó la cama. En cuanto a mí, era incapaz de conciliar el sueño. En la cabeza me hervían mil pensamientos. Oí a Margarita moverse, mientras se desnudaba y hacía su aseo nocturno. Un débil rayo de luz se filtraba por un agujero del tamaño de una cabeza de alfiler. Salté de la cama y lo agrandé con un alfiler de cabeza. Pegué el ojo a la abertura. En ese instante, Margarita se cambiaba de combinación.

Su cuerpo no era tan bello como el de mi madre; pero sus formas eran redondas y plenas, con los senos pequeños y firmes, los muslos bien torneados. Apenas llevaba unos instantes mirándola cuando vi que se levantaba el camisón. Sacó un libro del bolso que tenía sobre la mesa, se sentó en el borde de la cama y se puso a leer. Al poco se levantó y pasó con la lámpara a nuestro lado para ver si dormíamos. Yo cerré los ojos con todas mis fuerzas, y sólo volví a abrirlos cuando la gobernanta se hubo sentado sobre una silla. Yo la miraba a través del agujero. Margarita leía con mucha atención. El libro debía de contar cosas insólitas, porque sus ojos brillaban, sus mejillas estaban sonrojadas, su pecho se agitaba y, de repente, se llevó la mano derecha bajo el camisón, apoyó los pies sobre el borde de la cama y se puso a leer con más atención y placer todavía. No podía ver lo que hacía esa mano bajo el camisón, pero pensé inmediatamente en lo que había presenciado durante la mañana. A veces parecía jugar con los dedos entre los pelos, luego cerraba los muslos y se agitaba en su silla. Tan interesada estaba yo por ese juego que no observé inmediatamente una lámpara de alcohol situada sobre la mesa. Estaba encendida, y sobre ella había puesto a calentar un líquido humeante. Probablemente había encendido la lámpara antes de que entrásemos en el cuarto. Entonces mojó un dedo en el líquido para ver si estaba lo bastante caliente. Cuando lo retiró, vi que se trataba de leche. Luego sacó de su bolso un paquete envuelto en tela, lo abrió y sacó un instrumento extraño, cuya utilidad me era imposible determinar. Era negro y tenía exactamente la misma forma que el miembro de mi padre. Yo era una ingenua que jamás había visto un consolador. Lo metió en la leche y luego se lo llevó a la mejilla, para asegurarse de que el instrumento estaba a la temperatura adecuada. Por último, volvió a meter la punta en la leche, apretó las dos bolas del otro extremo y llenó el instrumento de leche caliente. Volvió a sentarse, colocó las piernas sobre la cama, justamente frente a mí –con lo cual yo veía perfectamente la entrepierna– y se levantó el camisón. Volvió a coger el libro con la mano izquierda (tuve el tiempo justo de entrever algunas imágenes, aunque sin poder distinguir qué representaban), tomó el instrumento con su mano derecha y llevó la punta a esa parte admirable que yo también me tocaba a manos llenas por debajo de mi camisón. Lo paseó lentamente de arriba abajo, frotando suavemente cierto punto más sensible. Sus ojos brillaban, aparentemente absorbidos por las imágenes del libro. Al final acabó encontrando la entrada e introdujo lentamente el tallo entero. Sus muslos se abrieron aún más, su bajo vientre se adelantaba a su encuentro, se ofrecía, y Margarita suspiraba deliciosamente. Se hundió el instrumento todo lo posible, escondiendo las dos bolas en su toisón. Luego lo sacó con la misma precaución y repitió el juego, cada vez con más sentimiento y ardor, hasta que el libro cayó por tierra. Cerraba los ojos y se frotaba los labios con el dedo. Los movimientos del instrumento se precipitaban, su cuerpo desfallecía. Se mordía violentamente los labios, como para ahogar un grito que pudiera traicionarla. El instante supremo se acercaba. Apretó las bolas con ambas manos, y su interior se inundó de leche. Cerró los muslos sobre el instrumento introducido en ella y se quedó inmóvil, profundamente conmovida. Por último, sus muslos se abrieron, y retiró el instrumento todo cubierto de espuma. Brotó de su sexo un borbotón de leche, que ella secó con un paño. Limpió todo cuidadosamente, envolvió el instrumento, lo introdujo en su bolso y regresó a nuestro lado para ver si dormíamos. Luego se acostó y al poco dormía con un rostro feliz y satisfecho. Yo, en cambio, era incapaz de dormirme. Estaba contenta por haber descubierto la solución de ciertos enigmas que desde la mañana se agitaban en mi cabecita.

En el fondo, estaba exasperada. Decidí interrogar a Margarita. ¡Ella debía aliviarme, ilustrarme, ayudarme! Forjé mil planes. Mi próxima carta os dirá cómo los ejecuté.

¿He sido lo bastante franca?

3

Margarita era mi única esperanza. Hubiese querido pasar inmediatamente a su lado de la habitación y acostarme en su cama turca. Le habría suplicado, la habría amenazado; ella se habría visto obligada a confesármelo todo, a explicarme esas cosas extrañas, prohibidas y excitantes que conocía. Ella me habría enseñado a imitarlas, cosa que me atraía tan poderosamente. Yo poseía ya por entonces esa razón fría y ese espíritu práctico que más tarde me evitaron muchas cosas desagradables. Un azar podía traicionarme, y cabía la posibilidad de que me sorprendieran, como yo había sorprendido a mis padres. Sentía que se trataba de cosas prohibidas, y deseaba tomar mis precauciones. Estaba ardiendo. Ese pequeño lugar rebelde, allí abajo, me reconcomía y me picaba. Abracé estrechamente mis almohadas y me dormí al tomar la decisión de ir con mi tío al campo, para encontrar ocasión de hablar con Margarita.

No tuve dificultades para que mi plan fuese aceptado. Mis padres me permitieron ir a pasar ocho días al campo. La propiedad de mi tío se encontraba a algunas leguas de la ciudad, y partimos después del almuerzo. Durante el día, fui todo lo amable y complaciente que pude. Margarita parecía verme con placer. Mi primita me era indiferente, y mi primo era muy tímido. Como era el único joven al que podía frecuentar sin levantar sospechas, pensé en principio dirigirme a él. Él habría podido desvelarme todos los enigmas que me atormentaban tras haberme escondido en la alcoba. De ahí que fuera muy afable con él, incluso provocadora, pero él siempre me evitaba. Mi primo era pálido y delgado, de mirada inquieta y preocupada. Le molestaba mucho que yo le tocase para hacerle cosquillas. Pronto comprendí la razón de esa conducta, tanto más extraña cuanto que todos los jóvenes a los que yo conocía cortejaban a las damiselas. Llegamos a la propiedad de mi tío hacia las ocho de la tarde. Hacía mucho calor. Fatigados del camino, nos apresuramos a subir a nuestros respectivos cuartos para asearnos un poco. Tomamos el té. Muy ingenuamente, me las arreglé para dormir en el cuarto de la gobernanta. Fingí tener miedo a acostarme sola en un cuarto desconocido, y los demás lo encontraron muy natural. Había impuesto mi voluntad, estaba contenta, convencida de que todo el resto también sucedería según mis planes. Con todo, ese día no iba a llegar a la cama sin tener una nueva aventura. Hoy mismo me cuesta contarla sin asco. Tras el té, quise aliviar una necesidad natural. Los retretes eran dobles, con dos puertas lado a lado. Ambos cubículos estaban separados por paneles, algunos de los cuales se encontraban muy cuarteados. Iba justamente a salir cuando oí que alguien se aproximaba. La persona entró en el aseo contiguo y corrió el cerrojo. Yo no quería salir antes de que esa persona se alejara. Por curiosidad, y sin malos pensamientos, miré a través de una grieta. Vi a mi primo. Estaba ocupado con algo bien distinto de lo que yo creía.

Sentado, con las piernas estiradas, tenía ambas manos allí donde mi padre se llevara a menudo las suyas mientras abrazaba a mi madre. Intentaba salir de su letargo con mucho fuego, y vi que la cosa adquiría pronto otra forma en sus manos. Humedeció con saliva su miembro, que se hinchaba y crecía sin cesar. Sus ojos, tan fríos, se animaron poco a poco. Le vi temblar, crispar los labios, y un chorro de espuma blanca brotó repentinamente de ese miembro tan enigmático para mí, tras de lo cual fluyó lentamente desde una pequeña abertura, derramándose a lo largo del tallo y sobre la mano, ahora inmóvil y fatigada. Ese espectáculo me explicó muchas cosas, especialmente todo cuanto mis padres habían dicho acerca de un «chorro», aunque me repugnó desmedidamente. Con todo, durante ese espectáculo, una nerviosidad creciente se había sumado a mi curiosidad. Sólo que ahora, viendo la postración y el abatimiento del joven, su pecado secreto me repugnaba. Sus ojos estaban fijos y preocupados. Mi padre y mi madre eran un espectáculo hermoso cuando gritaban: «ya viene» o «se derrama»; mi primo, en cambio, era feo, grotesco, parecía ajado. Yo comprendía muy bien lo que hacía Margarita, porque una joven se ve siempre forzada a entregarse secretamente a sus sentimientos y a sus goces. Además, lo había hecho con entusiasmo, con vivacidad y pasión; mi primo, en cambio, se había entregado a ello maquinalmente, sin poesía, de manera baja y animal. ¿Qué podía impulsar a un joven sano y robusto a permitirse una pasión tan miserable, cuando la proximidad de tantas jovencitas y mujeres le permitía satisfacerse con mucha mayor facilidad?

Yo me sentía como personalmente ofendida, frustrada en alguna cosa. Si se hubiese dirigido a mí con un poco de cortesía, le hubiese hecho probablemente todo lo que mi madre le había hecho a mi padre.

Había aprendido muchas cosas, y extraje las conclusiones oportunas. No necesitaba ya la iniciación de Margarita para estar completamente instruida. Lo que deseaba saber a toda costa es por qué se ocultaban tales cosas; quería saber lo que era peligroso, lo que estaba prohibido, y quería experimentar por mí misma esas voluptuosidades cuyos destellos había presenciado.

Caía la noche. Una gran tormenta se preparaba. A las diez, cuando retumbó el primer trueno, fuimos a acostarnos. Mi primita se acostaba en el cuarto de sus padres, con lo cual yo estaba sola con Margarita. Observé muy atentamente todo cuanto hizo. Corrió el cerrojo de la puerta, abrió su bolso y puso sus cosas en un armario. Escondió el misterioso paquete bajo un montón de ropa, así como el libro que la había visto leer. Inmediatamente decidí aprovechar mi estancia en el campo para conocer esos objetos y estudiarlos con atención. Debía conseguir que Margarita me lo confesara todo sin necesidad de amenazarla con revelar sus goces secretos. Me sentía muy orgullosa al pensar que mi astucia iba a sorprenderla, convencerla, seducirla; que iba a obligarla a revelármelo todo. Mi curiosidad aumentaba y, no sé por qué, experimentaba un placer especial.

La tormenta estalló. Los truenos se sucedían sin interrupción. Fingí tener miedo. Margarita apenas acababa de acostarse cuando, al primer relámpago, salté de mi cama y me refugié temblando junto a ella. Le supliqué que se dignara acogerme, le dije que mi madre lo hacía en cada tormenta. Ella me aceptó en su cama y me acarició para tranquilizarme. Yo la tenía cogida, la abrazaba con todas mis fuerzas. Me arrebujaba contra ella a cada nuevo rayo. Margarita me abrazaba maquinalmente, por bondad, y no como yo habría deseado. No sabía qué hacer para obtener más.

El calor de su cuerpo me penetraba y me complacía mucho. Yo escondía el rostro entre sus senos. Un escalofrío desconocido me corría a lo largo de los miembros. Con todo, no osaba tocar aquello que tanto deseaba. Estaba dispuesta a todo, pero, a un paso de conseguirlo, me faltaba bravura. De repente, pensé quejarme de un dolor localizado entre mis muslos. No sabía qué podría ser, pero me puse a gemir. Margarita me palpó, y guié su mano de aquí para allá. Le aseguré que el dolor disminuía cuando sentía el calor de su mano, y que desaparecía por completo cuando ella me frotaba allí. Dije esto tan cándidamente que Margarita no podía adivinar mi propósito. Por otra parte, sus toqueteos eran mucho más tiernos que apasionados. Yo la abrazaba y me apretaba contra ella, mis brazos la estrechaban mientras mis muslos aprisionaban su mano, y poco a poco percibí que otros sentimientos la invadían.

Su mano cubría por entero el lugar decisivo. Sus dedos entreabrían con precaución los jóvenes labios y buscaban la entrada que, por desgracia, permanecía aún cerrada. Margarita hacía todo eso todavía con muchos titubeos. Era tan precavida como yo. Sin embargo, sus temerosas caricias me procuraban un placer indecible. Yo sentía que también en ella comenzaban a despertarse los deseos. Pero me guardaba mucho de confesarle que sus caricias desbordaban con mucho el mero alivio pasajero de mis pretendidos dolores. Y, verdaderamente, era una sensación distinta de saber que una mano extraña estaba en ese lugar.

Y cuando su dedo rozó la pequeña cabeza sensible y aureolada de un fino plumón, todo mi cuerpo vibró largamente. Dije de inmediato a Margarita que mi dolor provenía de allí, que a buen seguro me había enfriado, porque me encontraba muy mal. A ella le daba placer, evidentemente, poder aliviar mi dolor con los dedos. Su caricia se hizo exquisitamente suave. Ahora descendía y se demoraba más y más en el lugar sensible, tratando de penetrar. Pero eso me causaba daño. Cuando llegaban las sacudidas, Margarita volvía bien pronto al punto de mis delicias. Se excitaba a todas luces, su ternura aumentaba, su abrazo era más estrecho. Levantó nuestros camisones todo lo posible. Nuestros cuerpos se tocaban a todo lo largo. Yo había conseguido mi propósito. Aunque mi recurso no fuese demasiado ingenioso, Margarita se quejó repentinamente de un dolor en el mismo sitio. Probablemente ella también se había enfriado. Le propuse entonces aliviar su mal con mi mano. Era muy natural, puesto que la suya me hacía tanto bien. Margarita abrió sus muslos y me dejó el camino libre. Yo estaba muy orgullosa de ver cómo triunfaba mi astucia. Con todo, acariciaba torpe y tímidamente el objeto de todos mis deseos. No quería traicionarme. De inmediato percibí una gran diferencia. Todo era mucho más grande y maduro en ella que en mí. Mi mano no se movía; se limitaba a estar allí.

Margarita no podía soportar esa inmovilidad. Se incorporaba, se retorcía; sus muslos temblaban y se agitaban extrañamente. De súbito, me dijo que a ella le dolía mucho más al fondo. Complaciente, pero sin demasiadas prisas, intenté mitigar ese molesto dolor. Mi dedo índice trató de penetrar lo más profundamente posible. Obtuve un gran placer reconociendo todos los detalles de la admirable estructura de esa abertura. Pero era siempre tan patosa e inexperta que Margarita debía moverse por su cuenta para recoger el fruto de su disimulo. Eso hacía, y mi mano adoptaba el papel que mi padre había desempeñado cuando mi madre había montado sobre él. Margarita se acercaba jadeante y temblorosa; se lanzaba llena de pasión sobre mi mano, cuyos dedos desaparecían hasta la base. Al principio, su interior estaba húmedo y pegajoso. Luego pasó a estar ardiente y seco, pero muy pronto –mientras lanzaba gritito inarticulados– un líquido muy caliente inundó mi mano. Comprendí que era lo mismo que había eyaculado mi primo. Su excitación se calmó pronto, y ella se tumbó, inmóvil, a mi lado.

Todo me había salido bien. El azar y mi astucia me habían sido propicios. Deseaba llevar esa intimidad hasta el final, costase lo que costase. Cuando Margarita se recobró, se la veía muy preocupada. No sabía cómo explicarme su conducta y me ocultó su voluptuosidad. Mi inmovilidad la engañaba. Ella pensaba que yo era aún una completa ignorante en relación a esas cosas. Pensaba en lo que debía hacer y decir para que la aventura no tuviese consecuencias desagradables respecto de su posición en la casa de mi tío. Quería engañarme sobre la naturaleza del dolor que había fingido. Yo también estaba indecisa en cuanto a qué hacer. ¿Debía fingirme ignorante, o bien justificar mi conducta confesando mi curiosidad? Si me hacía la ingenua, Margarita podía engañarme fácilmente y contarme cosas inexactas que me habría visto forzada a creer para no traicionarme. Pero yo me sentía más ávida que recelosa. Resolví por ello ser sincera, pero ocultándole que el nuevo estado de cosas era el producto de mi cálculo. Margarita parecía lamentar haberse abandonado a la fogosidad de su temperamento. Yo la calmé contándole todo cuanto había aprendido el día anterior. Le supliqué que me explicara esas cosas, pues sus suspiros, sus movimientos y el extraño líquido que había inundado mi mano revelaban que ella estaba iniciada, y yo conocía sus juegos secretos. En realidad, quería asegurarme de que no iba a engañarme, y mis preguntas ingenuas y curiosas la aliviaron mucho. Se sentía otra vez muy cómoda, como si fuese una hermana mayor dando consejos a una ingenua. Y puesto que yo le contaba todo con mucho detalle, incluso la apasionada conducta de mi madre, no tuvo reparo en confesarme que –junto con la religión– nada más bello conocía en el mundo que los goces sexuales. Entonces me lo enseñó todo, y si en lo sucesivo encontráis alguna filosofía en estas notas, debo sus primeras nociones a mi querida Margarita, que tenía una gran experiencia.

Aprendí cuál era la conformación exacta de los dos sexos; cómo se realizaba la unión; con qué valiosas savias se alcanzaban las metas naturales y humanas: la perpetuación del género humano y la máxima voluptuosidad que puede obtenerse en esta tierra. Y, con todo, la sociedad oculta esas cosas y las rodea de misterio. Supe también que, a pesar de todos los peligros que les rodean, los dos sexos pueden por lo menos lograr una satisfacción casi total. Margarita me puso en guardia contra las desdichadas consecuencias a que se expone una jovencita si se abandona por entero a ello. Lo que mi inexperta mano le había procurado, y lo que mi primo había hecho, eran satisfacciones casi completas. Aunque Margarita había conocido todas las alegrías del amor en los brazos de un hombre joven y vigoroso, estaba completamente satisfecha limitándose a los placeres que podía darse a sí misma; en realidad, había tenido un niño y había conocido todas las desdichas de una niña-madre. Con el ejemplo de su vida me demostró que, teniendo mucha prudencia y sangre fría, era posible darse a muchos goces. La historia de su vida era muy interesante e instructiva; será el contenido de mi próxima carta. Sin embargo, yo había adivinado bastantes cosas por mí misma. Lo que ella me volvió a enseñar no dejaba de sorprenderme.

Todo eso era muy bonito, pero no era la cosa misma. Ardía en deseos de compartir y conocer por mí misma esas sensaciones que, ante mi vista, habían agitado hasta el desvanecimiento a personas tan diferentes. Mientras Margarita hablaba, mi mano había recomenzado su juego en el lugar donde ella tenía tanta sensibilidad. Ensortijaba los bucles de su vello y, cuando comenzó a agitarse con mayor vehemencia, apretaba y abría amorosamente los grandes labios. Quería hacerle comprender de ese modo que mi educación no era completa sin la práctica. Ella me contaba cómo se había abandonado por vez primera al joven que la había dejado embarazada. Quería hacerme comprender la sensación divina que provoca ese miembro cuando penetra en una por vez primera. Me hablaba del éxtasis, de la efusión recíproca y completa. Todas esas palabras la excitaban, su pequeño plumón se hinchaba llenando mi mano, sus muslos me estrechaban. Había llegado el instante de recordarle aún más vivamente tales placeres. Y como ella decía: «Hace falta haber disfrutado personalmente de esas cosas para poder comprenderlas», hundí mi dedo tan profundamente en la gran grieta abierta que ella lanzó un suspiro y se calló de inmediato. Yo frotaba febrilmente sus labios hinchados, que casi me absorbían la mano, cuando de repente me detuve y dije: «¡Si quieres que continúe, debes procurarme un anticipo de lo que me espera y de lo que me has descrito tan deliciosamente!». Al momento, sus dedos empezaron a acariciar mi pequeña abertura, y al calor de mis besos vi claramente que mi proposición le había causado el más vivo placer. Sacó mi dedo de su grieta, metió el suyo en tal lugar, lo humedeció y luego intentó entrar en mí. Pero todo era inútil. En vano abrí los muslos, y los movimientos de caderas no ayudaban.

Margarita me dijo entonces con tristeza: «No funciona, querida Paulina. Tu vientre está aún cerrado al amor. Ven, siéntate sobre mi rostro, que mi boca se encuentre bajo tu maravillosa concha de amor. Veré si mi lengua puede procurarte lo que tu virginidad te prohíbe todavía!». Mi padre se lo había hecho a mi madre. No me hice, pues, de rogar. Me arrodillé, con la cabeza de Margarita entre mis muslos. Apenas me hubo tocado, la punta de su lengua estaba ya en el lugar que tanto daño me hacía cuando ella intentaba meter el dedo. Pero ¡qué sensación distinta a todo cuanto había probado hasta entonces! Desde que su lengua golosa y puntiaguda me hubo rozado, me inundó una voluptuosidad desconocida y no supe en lo sucesivo qué me hacía. Habíamos prescindido de las mantas, nuestros cuerpos desnudos estaban uno sobre el otro. Me moví hacia delante y, apoyada sobre la mano izquierda, jugueteé con la derecha hasta llegar al fondo de lo que ella llamaba su concha. Las primeras sensaciones de esa voluptuosidad que experimentaría hasta mis años más maduros me embriagaban ya con una dicha inefable. Su lengua me regocijaba. Me acariciaba en lo alto, chupaba abajo, aspiraba cada pliegue, besaba fogosamente la totalidad, humedecía el interior con saliva y volvía pronto a la entrada, donde provocaba un cosquilleo extraordinariamente dulce. Algo maravilloso y desconocido se precipitaba en mí. Toda mi savia iba a descargarse, y sentía que a pesar de mi juventud era digna de tal voluptuosidad. Deseaba devolver centuplicado a Margarita todo cuanto me procuraba.

Y con rabia metí un dedo, luego otro y al fin un tercero dentro de ella. La mano se me empezó a dormir, dada la mala postura que había adoptado a su lado. Estábamos fuera de nosotras mismas, y llegamos juntas a la meta. Noté que una humedad caliente llenaba mi interior, mientras su savia inundaba mi mano. Perdí el conocimiento. Caí sobre la temblorosa joven. Ya no sabía qué me sucedía.

Cuando me recobré, estaba acostada junto a Margarita. Ella nos había cubierto con las mantas y me tenía tiernamente en sus brazos. Comprendí de pronto que había hecho algo prohibido. Mi deseo y mi fuego se habían apagado. Mis miembros estaban destrozados. Sentí un violento escozor en los lugares donde Margarita me había acariciado tan amorosamente; el bálsamo que corría por mis muslos no podía calmarlo. Tuve conciencia de haber cometido un crimen y estallé en sollozos. Margarita sabía que en casos semejantes no había nada que hacer con pequeñas tontas como yo; me apretó contra su pecho y me dejó llorar tranquilamente. Por último, me dormí.

Esta noche única decidió toda mi vida. Mi ser había cambiado, y mis padres lo observaron a mi retorno. Asombrados, me preguntaron por la causa. Por lo demás, las relaciones con Margarita eran de lo más extraño. De día, apenas podíamos mirarnos; de noche, nuestra intimidad era de las más juguetonas, nuestra conversación de las más obscenas, nuestras voluptuosidades de las más lascivas. Le juré no dejarme seducir nunca y no tolerar jamás que un hombre vertiese en mí su precioso y peligroso líquido. Quería gozar de todo sin peligro. Unos pocos días habían bastado para hacer de mí lo que todavía soy, lo que tan a menudo habéis admirado.

Había observado que todo el mundo disimulaba a mi alrededor, incluso las personas más respetables. La propia Margarita, que todo me lo había confesado, nunca me había hablado de ese instrumento que le causaba tanto placer como la lengua o la mano y que contenía el chorro principal deseado con toda mi alma.

Nunca me lo había enseñado. Me vino la idea de robar la llave del armario donde lo guardaba. Mi curiosidad no me dejaba reposo. No quería recurrir a otros, quería aprenderlo todo por mí misma. Durante cinco días no logré procurarme esa llave, pero al fin la obtuve. Aproveché que Margarita daba una clase a mi prima para satisfacer mi curiosidad. He aquí que tenía la cosa en la mano, que le daba vueltas y probaba su elasticidad. El instrumento era duro y frío. Intenté meter su cabeza allí donde desaparecía por completo en Margarita. Pero en vano. Me hacía daño. No sentía placer alguno. No podía conseguir leche a esa hora. Me contenté con calentar el instrumento entre las manos. Había decidido abrir como fuese la vía de los fuertes placeres experimentados por otros, y de los cuales había tenido apenas un anticipo. Margarita me había dicho que eso era doloroso incluso en brazos de un hombre, y que muchas mujeres sólo le tomaban el gusto a esas cosas tras varios años del más completo abandono del hombre amado. Lo intenté. Calenté el instrumento entre mis senos y preparé mi pequeña grieta con un dedo húmedo. Quería recibir al exigente huésped. Observé que esas cuatro noches pasadas con una amante habían contribuido a hacer grandes cambios en mí. Mi dedo penetraba a medias, pero notaba claramente que un músculo prieto la detenía. Debía vencerlo. Margarita había empleado aceite. Apoyé la punta del instrumento sobre la abertura apenas visible, apreté y forcé tanto que la extraña cabeza entró. Verdaderamente, me hacía daño. Los labios me quemaban. Por último, sentí que algo se desgarraba y que brotaba un líquido ardiente. Vi con horror que se trataba de sangre. El instrumento había penetrado más o menos la longitud de un dedo. Yo estaba tan excitada que soporté ese dolor y apreté, apreté... No sentía la menor voluptuosidad, y me dolió también cuando extraje al malvado huésped. Estaba inconsolable con esa experiencia. Limpié cuidadosamente la sangre con una esponja y me lavé varias veces. Pero durante todo el día sentí la quemazón y el dolor de una herida. Estaba descontenta y odiaba a Margarita por no haberme ayudado.

Tras tantas experiencias agradables, ésta fue penosa. Temía la noche, las caricias de Margarita y su descubrimiento. Como ya la había engañado, no me costó repetirlo. Tras la cena, le conté que me había caído por una escalera, que me había herido en una pierna y que incluso había sangrado. En la cama me examinó y, lejos de poner en duda mi relato, me confió que esa caída me había costado la virginidad. No se lamentó, pero compadeció a mi futuro marido, que se vería privado de mis primicias. ¡Eso me era igual entonces y siguió siéndolo después! Para no fatigarme, Margarita me llevó a mi cama por esa noche. Yo también lo deseaba. Me puso una crema, cosa que me sentó muy bien. A la mañana siguiente todo dolor había desaparecido. Y las dos últimas noches que pasé en la finca de mi tío me compensaron esa breve privación. Conocí entonces toda la potencia de la voluptuosidad que provoca la entrada del cuerpo extraño caliente y vivo en el interior de la mujer. Las fuentes del placer brotaron tan completamente que no me quedó un solo deseo insatisfecho. La saciedad me aplastó con una fatiga deliciosa y total.

¡Experimentaba todo eso a los catorce años, cuando mi cuerpo no estaba todavía maduro! Así era, y eso no ha alterado jamás mi salud ni ha disminuido los goces de mi vida. Mi primo me había enseñado a temer los excesos de postración que siguen al placer. Gracias a mi carácter razonable, jamás sobrepasaba la medida. Calculaba siempre las consecuencias, y sólo una vez en la vida me olvidé lo bastante como para perder el dominio de mí misma y mi superioridad. Aprendí pronto que, siguiendo las leyes de la sociedad, era preciso gozar con mil precauciones para hacerlo sin perjuicios. Quien ataca con obstinación esas leyes necesarias se condena; no tendrá sino largos remordimientos para cortos instantes de goce. Cierto es que tuve la suerte de caer, desde el comienzo, en manos de una joven experimentada. ¿Qué habría sido de mí si un joven de mi vecindario me hubiese abordado con destreza? Debido a mi temperamento y a mi curiosidad, sería ahora un ser perdido. Si no fue así, lo debo a las circunstancias en que tales cosas me fueron reveladas. Son exquisitas tanto como veladas. Y, sin embargo, forman el centro de toda actividad humana. Antes de comenzar mi tercera carta quiero comentar que los signos del desarrollo completo de mi cuerpo se mostraron por primera vez poco tiempo después de mis relaciones con Margarita.

4

Era muy raro que dos mujeres tuvieran tantos puntos comunes en sus inclinaciones, su vida e incluso su destino como Margarita y yo. Cuando ella me ponía en guardia contra un abandono demasiado completo al hombre y enumeraba todas las consecuencias desdichadas que semejante comportamiento produce fuera del matrimonio, jamás pensé que yo también caería en parecidos momentos de olvido. Antes de continuar os contaré brevemente lo que aprendí de la vida de Margarita durante esas pocas noches y en nuestras relaciones posteriores. Esto explicará ciertos acontecimientos y ciertas aberraciones de mi vida, mucho mejor de lo que yo misma podría hacerlo.

Margarita había nacido en Lausana. Tras haber recibido una esmerada educación, a los diecisiete años se quedó huérfana. Poseía una pequeña fortuna y creía tener asegurado el porvenir. Pero tuvo la desgracia de caer en manos de un tutor desaprensivo. No era muy severo, pero pronto dilapidó su pequeño peculio. Poco después de morir sus padres, Margarita entró al servicio de una baronesa vienesa que habitaba una bonita villa en Morges, a orillas del lago de Ginebra. Se ocupaba ante todo de peinarla y vestirla. La baronesa era elegante y refinada, y dedicaba horas enteras a arreglarse. Los primeros días la baronesa se comportó con gran reserva, pero pronto fue volviéndose más amable. Le hacía preguntas, entre otras si tenía un amante. Al cabo de quince días, viendo que Margarita era todavía inocente, la baronesa empezó a tomarse familiaridades. Una mañana preguntó a Margarita si sabía hacer el «peinado del plumón». Ella respondió que no, sonrojándose, pues sabía bien el sentido de «peinado del plumón» en la Suiza francesa. La baronesa le dijo que debía necesariamente ponerse a ello para sustituir a su antigua camarera y así obtener toda su confianza. Y al momento se sentó en un canapé, estiró las piernas apoyándolas sobre el respaldo de dos sillas, separó los muslos, le dio un pequeño peine de concha, flexible y muy suave, y le indicó la manera de peinar.

Margarita veía por vez primera abiertamente lo que hasta entonces nunca viera con nitidez. Muy turbada y torpe se entregó al peinado, pero poco a poco, siguiendo las indicaciones de la baronesa, fue haciéndose más hábil. La baronesa era una mujer muy guapa, rubia, con un color de piel muy bello. Se lavaba siempre muy cuidadosamente, aunque ese peinado nada tuviese de repugnante. Margarita me describió con mucho detalle y amor la conformación de su baronesa. También me confesó que al principio se sintió muy molesta, pero que acabó tomándole decididamente el gusto a esa singular ocupación, sobre todo cuando vio que la baronesa no permanecía indiferente. Suspiraba, movía las caderas y los muslos; la hendidura –cerrada al principio– se entreabría, los labios enrojecían y la pequeña parte colgante en forma de lóbulo comenzaba a temblar ligeramente. Por supuesto, Margarita ensayó el peinado del penacho consigo misma tan pronto como volvió a su cuarto. Aunque inexperimentada, descubrió fácilmente que la naturaleza había escondido en esa parte del cuerpo femenino una fuente inagotable de placeres, y consumó pronto lo comenzado por el peine. Astuta, como todas las de su edad, comprendió que la baronesa iría con gusto más allá de ese simple preludio, pero que no deseaba confesarlo. Pronto se convencería de lo fácil que es el completo acuerdo cuando el deseo es recíproco. Sin embargo, eso se demoró todavía varias semanas; cada una deseaba que la otra diese el primer paso; cada una quería ser seducida, fingir que otorgaba sus favores. Sin embargo, un día el peine cedió su lugar a la mano; la baronesa renunció a toda moderación y se reveló como una mujer sensual y muy voluptuosa que quería gozar a toda costa de su belleza, a pesar de los estrechos vínculos que la ataban. Se había casado con un hombre que pronto se reveló impotente y que sólo fue capaz de contentarla durante los primeros años de su unión. Más que saciar sus deseos, se había limitado a despertarlos.

Él ocupaba desde hacía dos años un puesto diplomático en París y, cuando comprendió que su impotencia era completa, envió a la mujer a orillas del lago de Ginebra. La baronesa era muy elegante, pero llevaba una vida de reclusa. Margarita había observado que una especie de mayordomo, un viejo con mal carácter, la espiaba y comunicaba a París todo cuanto veía o escuchaba. Por lo mismo, la baronesa evitaba toda compañía masculina. Era muy prudente, porque los intereses de su familia la obligaban. Nadie de la casa ni de la vecindad de la baronesa sospechaba los goces secretos que Margarita sorprendió un día. Pasada la primera vergüenza, se sucedieron las escenas más disolutas, fuera de día o de noche, entre la señora y la sirvienta, entre la mujer joven y la niña crecida. La baronesa no se traicionaba durante el día con la menor familiaridad. Los juegos fueron pronto recíprocos. Margarita entraba desnuda en el lecho de la baronesa y no necesitaba decirme qué hacían juntas, porque acababa yo de experimentarlo. Pero entonces era ella quien desempeñaba mi papel. La baronesa era insaciable, inventaba siempre nuevos juegos, sabía extraer delicias siempre renovadas del contacto entre dos cuerpos femeninos. Margarita me declaró que esa época había sido la más feliz y voluptuosa de su vida.

La baronesa iba todas las semanas a Ginebra para hacer compras y visitas. El mayordomo la acompañaba siempre, y Margarita comenzó a acompañarla también cuando se hicieron íntimas. La baronesa tenía siempre reservada una suite en uno de los mejores hoteles, con un salón, un dormitorio, un pequeño cuarto para Margarita y, junto a éste, un cuarto para el mayordomo. Las puertas de cada habitación daban al corredor; las puertas de comunicación entre las habitaciones estaban cerradas u obstruidas por muebles. Una vez que hubo hecho varias visitas a Ginebra, Margarita se convenció de que allí ocurría algo especial y de que la baronesa intentaba ocultárselo. El aseo no se hacía del mismo modo, y ni de mañana ni de noche había abandonos al placer femenino. La baronesa parecía agitada, inquieta, nerviosa durante el día; su ropa de noche y su cama revelaban claramente que no había pasado la noche sola. La cama siempre estaba muy desordenada, había sillas caídas y los paños de aseo exhibían signos aún más reveladores. Margarita la vigilaba con una especie de celos. Inspeccionaba cada carta, espiaba a cada visitante y a cada representante comercial recibido por la baronesa. Pero no logró descubrir nada. No obstante, con cada viaje se convencía más de que la baronesa no pasaba la noche sola. Escuchaba, en vano, detrás de las puertas. La baronesa no sólo cerraba la puerta del corredor, sino también la que llevaba del salón a la alcoba. Era imposible escuchar mucho tiempo junto a la puerta del corredor, porque transitaban sin cesar empleados y huéspedes. Margarita pasó noches enteras detrás de su puerta entreabierta para ver si alguien entraba o salía del cuarto de la baronesa. Esa vigilancia y ese espionaje duraron varios meses, hasta que un buen día el azar se lo reveló todo. Cierta noche estalló un incendio en las inmediaciones del hotel. El director hizo despertar a todos los huéspedes para advertirles del siniestro. Margarita se precipitó a la habitación de la baronesa, que abrió aterrorizada. Los reflejos del incendio penetraban por la ventana. La baronesa estaba tan aterrada que apenas podía hablar y parecía haber perdido el juicio. Margarita vio de una ojeada todo el cuarto y obtuvo al fin el esclarecimiento deseado. El armario, que solía estar ante la puerta de la habitación continua, estaba algo apartado. Alguien podía pasar fácilmente por detrás. Había un traje masculino sobre una silla, delante de la cama, y sobre la mesilla de noche había un reloj de hombre con joyas en la cadena. Ya no había duda. La baronesa observó que Margarita veía esos objetos, pero estaba demasiado trastornada para decir algo. Margarita empaquetó todas las cosas de la baronesa para poder huir en caso necesario y vio también una pequeña vejiga que parecía haber sido empleada. Cuando la baronesa se calmó un poco, inmediatamente escondió eso en su pañuelo. El fuego fue dominado, y ese incidente no supuso cambio alguno en sus relaciones. De mañana, antes de abandonar Ginebra, Margarita supo por los empleados del hotel que un joven conde ruso ocupaba el cuarto contiguo al de la baronesa. Las habitaciones se encontraban justamente en un codo del corredor, con lo cual el conde, empleando la escalera de la otra ala del hotel, podía entrar y salir de su habitación sin pasar por delante de la habitación de la baronesa. Margarita lo comprendió todo. La baronesa debía de tener relaciones con ese joven conde ruso. Pero estaba ofendida con ella por habérselo ocultado. A la vuelta, de camino hacia Morges, la baronesa dejó caer su pañuelo en un lugar desierto.

Una vez allí, la vida recobró su ritmo acostumbrado. La baronesa dudaba en confesárselo todo a Margarita, aunque supiera que ella estaba al corriente. Después de ese último viaje a Ginebra, Margarita caminó con toda libertad por el corredor. Allí se encontró muchas veces con el conde ruso, un joven atractivo y elegante. Cuando se vieron por segunda vez, él se volvió. Cuando se vieron por tercera vez, la abordó. Al saber que era la doncella de una dama que vivía en el hotel –Margarita no le dijo el nombre de su señora–, se despreocupó por las formas y sugirió que le siguiera a su cuarto. Sin otro deseo que satisfacer la curiosidad –o al menos eso me dijo en distintas ocasiones–, Margarita le siguió. No había nadie en el corredor. La introdujo en su habitación, la besó, tocó sus senos y se convenció, a pesar de la enérgica defensa de Margarita, de que ella era joven y estaba bien formada. Mientras la mano del joven caballero se entretenía del modo más agradable, Margarita examinaba el cuarto. Observó la puerta que comunicaba con el cuarto de la baronesa, y concibió rápidamente un plan. El aristócrata quería inmediatamente lo más serio, pero se topó con una resistencia irritada, y se contentó con la promesa de Margarita de que acudiría la noche siguiente, cuando su señora estuviese ya dormida.

Ella sólo quería ir pasada la medianoche, cuando el corredor estuviese oscuro. Él se puso a reflexionar, y Margarita se divertía mucho sabiendo en qué pensaba. Pero el atractivo de la novedad fue más fuerte que sus escrúpulos, y le dio cita a la una. Para poder entrar en el momento oportuno, hizo que el conde le diese la llave del cuarto. Margarita se sentía triunfante. Planeó hasta los menores detalles. La baronesa se despidió de ella a las diez y cerró cuidadosamente las puertas tras ella. Pero en vez de volver a su cuarto, Margarita se quedó escuchando tras la puerta de la baronesa. Pasado un instante la oyó canturrear una melodía, cosa que no hacía jamás, y luego golpear ligeramente la pared. Margarita oyó mover el armario y abrirse la puerta. Ahora sabía que el conde estaba con la baronesa, por lo cual se apresuró a ir al cuarto del ruso y entrar sin hacer ruido, después de comprobar que nadie la había visto. Un rayo de luz se filtraba por la puerta entreabierta del cuarto contiguo. Podía observar sin problemas todo lo que sucedía en la habitación de la baronesa. Tumbada en la cama, estaba en brazos del conde, que cubría su cuello, su boca y sus senos con besos ardientes, mientras su mano se perdía en todo momento entre sus muslos. La baronesa era una mujer muy bella, pero sus encantos no acapararon los ojos de Margarita, que se concentraban, llenos de curiosidad, en lo que aún desconocía. El noble se desnudó rápidamente. Era tan bello como robusto. Margarita veía por primera vez un sexo masculino. Cuál no sería su asombro cuando vio a la baronesa encerrar al brillante enemigo, que acababa de acariciar y besar, en una pequeña vejiga sacada de una caja que había sobre la mesilla de noche. Esa vejiga blancuzca, rematada en uno de los extremos por un cordón rojo, era la invención de un célebre médico francés, Condom. Tras haber terminado esa extraña preparación, untó el objeto de sus deseos con aceite perfumado y se colocó adecuadamente, mientras el conde se situaba de rodillas entre sus muslos para facilitar la entrada. De un solo golpe desapareció el miembro en su interior, y ambos cuerpos se unieron íntimamente. Pero Margarita ya no pudo ver tanto como antes, porque la baronesa se cubrió con la colcha. Sólo vio las cabezas, boca con boca, bebiéndose los besos. Luego el conde dejó escapar un profundo suspiro y se abatió sobre el pecho de la baronesa. Quedaron un largo cuarto de hora unidos estrechamente, sin que la baronesa aflojase su abrazo, y Margarita me confesó que fue incapaz de retenerse a la hora de apaciguar con su mano el deseo extraordinariamente ardiente que la invadía. Pero me confesó que deseaba otra satisfacción tras lo que acababa de ver.

Margarita me enseñó también la finalidad y el empleo de esa medida de seguridad que evita tantas desgracias y vergüenzas en el mundo. Comprendió enseguida su uso cuando vio a la baronesa retirar el cordón rojo que colgaba entre sus labios, sacar la vejiga llena de un líquido espeso y ponerla sobre la mesilla de noche. Era el pararrayos de una electricidad llena de peligros, que permitía a las jóvenes, a las viudas y a quienes viviesen junto a un hombre fatigado, darse sin miedo al amor. Margarita ya había visto bastante. Podía obligar a la baronesa a confesar. Aunque llena de fuego, renunció a conocer más íntimamente al conde esa noche. Quería estar segura de que emplearía también ese preservativo, no quería arriesgar demasiado. También me dijo que le habría sido desagradable ser la segunda.

Volvió prudentemente a su cuarto, pero cerrando con fuerza la puerta tras de sí. Se regocijaba pensando que el conde iba a esperarla en vano parte de la noche. Tenía en su mano todos los hilos, dominaba la situación. Quería participar en esos juegos. Quería vengarse de la baronesa, que la había despreciado como confidente. Reflexionó durante toda la noche sobre el modo de aprovecharse de su situación. Os asombraría saber qué plan concibió Margarita y con qué coherencia lo puso en práctica. La astucia es una cualidad esencial del carácter femenino, y tengo de ello ejemplos admirables. En todo cuanto se relaciona con la divina voluptuosidad, la astucia y la disimulación naturales, en la mujer se agudizan hasta un grado increíble. La más simple se vuelve inventiva empujada por el capricho, el deseo o el amor. Son inagotables los medios que mujeres y jovencitas emplean para lograr sus fines. Antes de que la baronesa despertase, Margarita fue a llamar a la puerta del conde. Éste acudió a abrir en pijama, pensando que se trataba de un camarero. Se asombró mucho cuando vio entrar a Margarita, a quien había esperado en vano desde medianoche. Quería echarle en cara su conducta, arrojarla sobre la cama y recobrar inmediatamente el tiempo perdido, pero cambió inmediatamente de actitud cuando fue ella quien le afeó su conducta. Margarita le dijo que había llegado algo antes de la hora convenida y que le había visto salir del cuarto de la baronesa, y que ahora ella podría obtener una gran recompensa contándoselo al barón. Sin embargo, no deseaba hacerlo, y no lo haría, siempre que pudiese participar en sus juegos con la misma garantía de seguridad. En realidad, dijo, quería incluso ayudar a la baronesa en sus placeres y favorecer su relación. El conde no decía palabra; estaba demasiado estupefacto. Aseguró estar dispuesto a todo con tal de que ella callase; porque, si quedaba al descubierto su relación con la baronesa, ambas familias quedarían expuestas a grandes peligros. Margarita le comunicó su plan y exigió de él que lo cumpliese antes de partir la baronesa, cosa que ocurriría a la mañana siguiente. Asombrado por la perspicacia de esa jovencita, y contento al ver que sus placeres se complicaban de modo tan agradable, el conde estuvo de acuerdo en todo. Y cuando Margarita le dejó plena libertad, quedó sorprendido al encontrarla intacta. No podía soñar con una compañera de juegos más amable. Quiso incluso demostrarle al instante su entusiasmo, pero Margarita se debatió enérgicamente, aunque con ello su pasión no hacía sino avivarse. El conde estaba ansioso por ejecutar su plan. Margarita había degustado suficientes cosas en esa única visita para permitir que la baronesa monopolizase a un joven tan encantador. Juntos repasaron los detalles de lo que iba a producirse una hora más tarde. Margarita permitió al conde muchas cosas encantadoras, exceptuando la que él más deseaba, y abandonó el cuarto dejándolo en ascuas. La baronesa llamó a las siete, abrió su puerta y volvió a acostarse. Margarita puso todo en orden, preparó los equipajes y sirvió por último el desayuno. Todo estaba listo. El conde esperaba en su cuarto la señal convenida. Margarita pasó al salón, cerrando la puerta de un portazo. Era la señal. El conde abrió su puerta, empujó el armario y se precipitó de repente sobre la aterrorizada baronesa. La cubrió de besos. La baronesa no podía articular palabra, estaba turbada, e indicaba con el dedo la puerta del salón, donde Margarita cerraba los equipajes con ruido. El conde aparentó cerrar la puerta con cerrojo, y luego suplicó a la baronesa que le otorgase una vez más su favor supremo. Había estado tan seductora la noche anterior que temía caer enfermo si ella no atendía su deseo. Le aseguró que se había provisto ya de la membrana de seguridad, y que no había nada que temer. La baronesa, sin duda para librarse cuanto antes del inoportuno, abrió los muslos y recibió al temerario. El conde suspiraba; de repente, lanzó un profundo suspiro y Margarita –que escuchaba detrás de la puerta– entró súbitamente. Fingiendo quedar hipnotizada por el espectáculo que se ofrecía a sus ojos, dejó caer lo que tenía en la mano. Clavaba sobre la cama unos ojos desmesurados. La baronesa, con sus grandes muslos abiertos, esperaba visiblemente el instante supremo, pero estaba aterrorizada, pues lo arriesgaba todo: honor y fortuna. El conde lanzó una incomprensible imprecación en ruso y se lanzó sobre Margarita. Gritaba, lleno de rabia: «¡Estamos perdidos si no asesino a esta traidora y la acallo para siempre! ¡No se atreva a abandonar este cuarto!».

Margarita quería huir, pero el conde le cerró el camino hacia la puerta. Le lanzaba miradas terribles, como si fuera a estrangularla. Más muerta que viva, la baronesa asistía a esta escena. Súbitamente, como si acabase de pensarlo, el conde exclamó: «Sólo hay un medio de asegurarse el silencio de esta chica. Debe convertirse en nuestra cómplice. ¡Perdonadme, baronesa, sólo hago esto por vos!».

Diciendo esto, agarró a Margarita, que fingía estar aterrorizada, la tumbó sobre la cama junto a la baronesa, todavía desnuda y temblorosa, levantó sus faldas y se lanzó con la mayor de las violencias entre sus muslos. Margarita se retorcía, fingía querer evitar esa empresa, pero de hecho se ofrecía cada vez más. Sólo le permitió entrar cuando se aseguró de que no tenía nada que temer. El conde conservaba aún la bata de fantasía que se había puesto para la baronesa. Margarita le abrió entonces la entrada, fingiendo rendirse a su violencia. Gemía débilmente, suplicando a la baronesa que la ayudara, que la preservara de la ira de aquel poseso. Pero por dentro se entregaba completamente a las sensaciones que llenaban su pecho. Gozaba clandestinamente con haber engañado a la baronesa y haberla vencido, con estar allí, a su lado, sobre su propia cama, recibiendo a un hombre tan apuesto y destinado a la otra. A pesar de su aparente violencia, el conde la trataba con ternura y suavidad; provocaba lentamente el derrame de las savias más preciosas, que podían llenarla sin peligro. La baronesa no sólo estaba presente, sino que hubo de apaciguar a Margarita, que lloraba, y suplicarle que no llorase tan alto. Como la crisis se aproximaba, el conde le añadió: «Querida baronesa, si no me ayudáis a dominar a esta chica estamos per-

didos. ¡Sólo podremos confiar en ella si logro violarla!».
Y la baronesa le separó violentamente los muslos, mientras el conde la penetraba hasta la raíz. Margarita luchaba por cerrar los muslos mientras se defendía de la baronesa; esa lucha provocaba movimientos bruscos y sacudidas, una agitación y unos sobresaltos que aumentaban el goce y provocaron un flujo instantáneo y recíproco de las fuentes del placer. Margarita estaba como desvanecida. Pero lo escuchaba y observaba todo.

El conde se vistió a toda prisa. Se arrodilló ante la baronesa, le suplicó que se calmase y lo perdonara por haber empleado tal medio. Le aseguró que era el único para salir indemnes del peligro, y que así acababan de ganar una confidente muy segura en Margarita, pues su relación quedaba a partir de entonces a salvo de toda sorpresa. Además, se la atraerían más aún dándole dinero. Fingió ante la baronesa haber hecho un enorme sacrificio rebajándose hasta una doncella. Por último, suplicó a la baronesa que emplease todos los medios a su disposición para consolar y ganar a Margarita cuando volviese de su desvanecimiento. Margarita hizo un movimiento, como si fuera a despertarse; la baronesa, viendo el pequeño cordón rojo que colgaba entre sus muslos, lo retiró rápidamente y lo escondió. Margarita triunfaba; la baronesa le había hecho personalmente ese servicio. Tras fijar su próximo encuentro el conde abandonó el cuarto y volvió a su habitación. Las dos mujeres estaban ahora solas. La baronesa, completamente engañada e inquieta, le contó su relación con el conde para distraerla, pero Margarita parecía inconsolable. Le contó también la vida que llevaba con su marido. Le prometió cuidarse de ella en el futuro, si estaba dispuesta a ayudarla y a perdonar la violencia del conde. Margarita acabó dejando de quejarse a cuenta de los sufrimientos soportados. Puesto que, muy a su pesar, había llegado al conocimiento de su secreto, prometió a la baronesa estar dispuesta a favorecer sus encuentros. Tras esas reflexiones, se creó una relación muy extraña entre las tres personas. El conde nada sospechaba de las familiaridades secretas existentes entre las dos mujeres. Obtenía mucho más placer con el cuerpo bello y joven de Margarita, y amaba ese rincón tan poco frecuentado todavía. Él la prefería a la baronesa. Cuando estaban solos le daba pruebas claras de su amor y de su favor. En presencia de la baronesa, Margarita casi no prestaba atención al conde. Si participaba en sus embates, decía, era sólo para complacer a la baronesa. Por su parte, ésta no sospechaba en absoluto lo que sucedía entre su amante y su doncella. Colmaba a Margarita de regalos y la tomó por confidente. Cuando volvieron a Ginebra, Margarita estaba siempre allí cuando el conde venía de noche a la habitación de la baronesa; pero había pasado ya por el cuarto de Margarita para buscar las primicias de sus fuerzas, con lo cual la baronesa sólo obtenía los restos.

Margarita no se cansaba de hablarme de los goces que un acuerdo así comporta entre tres personas, sobre todo cuando se añaden una pequeña trama, una ligera intriga. Ella me decía que era siempre pasiva, para no despertar sospechas en la baronesa. El conde y ella sabían bien a qué atenerse. El joven ruso era tan tierno como apasionado. La amaba con pasión por haber sido el primero en montarse sobre su trono virginal. Quiso empujar a Margarita a hacerlo sin envoltorio y probar lo que era sentir en el momento decisivo cómo se derramaba en la vagina una oleada de fuerza vital; le decía también que esa mezcla de las savias más preciosas producía un perfume delicioso, que era como un anticipo de la felicidad celestial, que esa efusión recíproca era la voluntad de la naturaleza. Le prometió igualmente cuidarse de ella si quedaba embarazada. Pero Margarita se oponía enérgicamente; le bastaba sentir la oleada impetuosa, el flujo admirable; no quería su humedad ni su fecundación balsámica.

Tras gozar el uno del otro, recomenzaban los juegos en el cuarto de la baronesa y los prolongaban hasta altas horas de la madrugada. Desde las primeras experiencias a tres, la baronesa se mostró encantada, porque el conde era muy inventivo. Los tres se divertían de las más diversas maneras. Margarita se tumbaba sobre la baronesa y colocaba el centro de su placer en la boca del conde, que introducía su cetro en la baronesa, por debajo, y la lengua en la hendidura de Margarita; mientras la baronesa chupaba sus senos tan redondos. El conde era incansable y provocaba la más alta voluptuosidad mediante largos preámbulos y toqueteos. La baronesa se acostaba sobre la cama, de tal manera que el conde estaba de pie ante ella, o inclinado sobre ella, mientras Margarita tenía los ojos justo a la altura de las partes en acción, sentada en un taburete. Desde allí usaba sus manos, jugando unas veces con la hendidura tan llena de la baronesa y otras veces con el cetro y las dos bolas del agresor. Abría con los dedos los grandes labios, mientras la carne aterciopelada encerraba con sus mil pliegues todavía más estrechamente al vigoroso huésped, lo aspiraba. Luego los dejaba otra vez caer sobre la punta aprisionada que apenas podía salir. Con la otra mano sujetaba la lanza, la apretaba tanto que ya no podía entrar.

Cuando abría la mano el miembro desaparecía enseguida hasta el fondo. Margarita toqueteaba también el recipiente de ese admirable licor e incitaba a cada fibra a relajarse. Los muslos blancos y deslumbrantes de la baronesa que se convertían en hemisferios de alabastro redondos e hinchados, los rubios cabellos del templo, el rojo encendido del sacerdote que quería hacer allí sacrificios, las bellas formas del hombre, por entonces en su máximo vigor, con sus pelos negros mezclándose con los rubios –y tomar parte en ese espectáculo, gustarlo de tan cerca, compartir en espíritu los goces de los otros dos–, ¡cuántos momentos encantadores pasados juntos! El recuerdo de todo eso la calentaba y, como su mano se sentía desvergonzada en la suave tibieza de la cama, yo percibía que esas imágenes la enardecían. En efecto, la situación de esas personas no era común. A pesar de su gran intimidad existía una desconfianza recíproca. Como os dije ya, mi imaginación se deleita en tales cuadros, pero mi razón me desaconseja su imitación. Tales refinamientos vienen seguidos por grandes fatigas, y hay siempre engorros cuando más de dos personas guardan un secreto. Como el joven conde podía saciar todos sus caprichos, se cansó pronto de la relación. Se enfrió, probablemente fatigado por las exigencias de las dos mujeres. En una palabra, abandonó precipitadamente Ginebra tras un frío adiós. La baronesa trataba de separarse de Margarita, y encontró pronto la ocasión. Margarita había recibido de ella y del conde más de tres mil francos. Pero, desgraciadamente, había puesto ese dinero en manos de su tutor. Se fue entonces a vivir con una amiga que había sido gobernanta. Tomaba clases, porque tenía intención de ir a Rusia como gobernanta, como muchas suizas. A pesar de todo, el cambio de situación fue demasiado brusco. No se sentía contenta en casa de su amiga. Sus estudios la aburrían. En casa de la baronesa había tenido todo lo necesario para ser feliz. Había tenido incluso ocasión de disfrutar los placeres sin peligro, en mayor medida que las demás jóvenes. Eso la había malcriado. Su cuerpo necesitaba ciertas cosas. Le faltaba el hermoso cuerpo del joven conde, así como las caricias íntimas de la baronesa. Sus noches fueron muy agitadas y sus sueños muy angustiosos durante los primeros meses. El efecto de su mano era insuficiente, y no encontraba ocasión de entablar una relación segura con alguien. Estaba deseosa de entregarse, pero sin correr peligro. No se atrevía a proponer a otro hombre lo que había propuesto al conde en circunstancias particulares. Una jovencita no reconocerá jamás tales cosas, porque eso la disminuiría a los ojos de los hombres. En consecuencia, pasó un año muy solitario entre sus libros y sus atlas. En ella se había despertado algo que no podía saciar y que estallaba tiránicamente durante la noche, en sus sueños voluptuosos. Al cabo del tiempo encontró en una casa de baños a una joven con quien tuvo pronto relaciones tan íntimas como con la baronesa. Toda clase de juegos, conversaciones curiosas, la enseñanza de cosas prohibidas y experiencias osadas les proporcionaron placeres bien vivos. Pronto mezclaron a otras compañías en sus encuentros. Cada una fingía ignorar todo, cada una se dejaba enseñar lo que todas habían practicado ya a escondidas.

Margarita era insaciable. Esas citas secretas, esas diversiones clandestinas aguijoneaban su deseo. Un día encontró al hermano de una de sus nuevas amigas, un joven amable y bien educado. Vio inmediatamente que ella le gustaba. Él se aproximó con la emoción y la torpeza de un adolescente que se sintiera atraído por primera vez; era incapaz de resistir a ese oscuro mandamiento de la naturaleza. Margarita tuvo grandes dificultades para ocultar su indiscreta pasión. Hubiese satisfecho con gusto ese último deseo que él desconocía aún, pero no sabía cómo explicarle que exigía garantías. Charles había sido criado en el campo y lo ignoraba todo de esas cosas. Sus palabras y sus acciones eran simples y honestas. Margarita conoció al fin el amor, y vanamente se debatía contra su omnipotencia. ¡Ella que creía conocerlo todo y ser dueña de su corazón! ¡Todos sus principios se evaporaron con el fuego del primer beso! Estaba indefensa ante las caricias vacilantes de su amado. Él era tan torpe que ella necesitaba dirigirle como quien no quiere la cosa. Pero la naturaleza fustiga incluso al más ingenuo, al más virtuoso; cuando nos comprometemos en ese peligroso camino es preciso ir hasta el final. Margarita se divertía mucho viendo los encomiables esfuerzos que él hacía por llegar a fines que ni siquiera sospechaba. ¡Ella se sentía tan superior a él! Se creía lo bastante dueña de sí como para conservar toda su sangre fría en el momento fatal, porque su joven enamorado desfallecía ya de emoción con el mínimo roce exterior. Pensaba poder impedir que él derramara en ella su simiente, y le permitió la entrada. Pero no sabía que también en ella cada fibra y cada nervio esperaban esa unión. No conocía la debilidad de la mujer en los brazos del hombre amado, cuando todas sus fuerzas viriles la calientan interiormente. Una voluptuosidad inaudita la hizo olvidar toda precaución, todo principio, y de repente sintió la descarga eléctrica de un torrente ardiente que la llenaba por completo. Estaba consumado. Ella esperaba que no sucediese nada en ese único abrazo, pero en vano le prohibió toda repetición. La falta de la regla probó que el infortunio estaba consumado: había perdido su honor. Le concedió entonces todos los derechos de un marido. Durante tres meses disfrutaron todas las alegrías de la felicidad terrenal. Después, todos los golpes del mal destino se abatieron sobre ella. Su tutor quebró y huyó a América llevándose su peculio; su amante cayó enfermo y murió. Cubierta de vergüenza, fue expulsada de la casa. Se refugió en un pueblecito, donde perdió a su hijo tras dos años de privaciones y sufrimientos. Por último vino a Alemania, y encontró ese puesto de gobernanta en casa de mi tío.

Mucho me puso en guardia contra el olvido de tal abandono. Simple y franca, Margarita me lo había enseñado todo; sin embargo, me había ocultado el instrumento con el que reavivaba sus recuerdos.

5

Pocas jovencitas han aprendido en tan poco tiempo y –sobre todo– con tan pocos riesgos lo relacionado con el acto más importante de la vida femenina como acababa de acontecerme a mí por azar, gracias a la historia de Margarita. Hasta entonces no sabía más –y probablemente menos– que la mayoría de las jovencitas de mis años, aunque mi temperamento fuese más sensual que el de la mayoría de las jovencitas y mujeres. Los hombres se equivocan; piensan que el sexo femenino es por naturaleza tan sensual como el suyo. Consideran que las mujeres son fáciles, y no es así. Los maridos lo saben bien, y se quejan sin cesar. Yo tampoco quería creerlo. Estaba convencida de que todo era astucia y disimulo cuando encontraba frialdad, indiferencia y hasta disgusto por esas cosas que me excitaban. Me preguntaréis entonces por qué se dejan seducir tantas jóvenes si nada en ellas las impulsa hacia el deseo del hombre y si su sexo y sus voluptuosidades no son tan violentos. Esa observación es exacta y, desgraciadamente, carezco de respuesta para ella. Sin embargo, mis observaciones y mis experiencias personales me han convencido más y más de que la sensualidad consciente no está tan desarrollada en la mujer como en el hombre; esa sensualidad se despierta y se provoca poco a poco. Sólo entre los treinta y los cuarenta años es tan exigente en la mujer como en el hombre. No comprendo que tantas mujeres se dejen seducir tan fácilmente, para su desgracia, cuando no son en absoluto cómplices del hombre. Jamás he conseguido encontrar una explicación para esta contradicción. Nada favorece al hombre cuando quiere incitar a una de esas inocentes para que se abandone del todo. El dolor físico del primer encuentro es tan grande que constituye una advertencia; incita a reflexionar y a no ir más lejos por el sendero del mal. También las retiene el temor a las inevitables consecuencias, porque pocas jovencitas son tan estúpidas como para no saber a lo que se arriesgan. Las estatuas, los cuadros, la copulación de los animales, las inevitables lecturas, las conversaciones del internado... Todo ello instruye a la más ingenua como si tuviese los mil ojos de Argos. Sí, pero debo confesároslo puesto que no encuentro otra explicación: son impulsadas por la curiosidad y la necesidad de darse enteramente al hombre amado. Ahora bien, ¿cuántas se dan sin amor? ¿Cuántas lloran y sollozan sin defenderse? Es uno de los misterios más admirables de la naturaleza, uno de los ejemplos más característicos de su potencia y de la fuerza de atracción que impone hasta en los temperamentos más taciturnos.

Desde el león hasta los animales domésticos, toda la familia de los gatos copula con dolor y procrea con voluptuosidad (justamente lo contrario de lo que sucede con todos los demás seres vivos), ofreciéndose la hembra al dolor del coito. ¿Quién aclarará ese problema? Muchas jovencitas me han confesado, llorando, que no sabían cómo llegó a suceder. «¡Su súplica era tan dulce!» «¡Era tan cálido, tan divino!» «¿Sentía tanta vergüenza!» Ninguna de estas frases aclara nada. Por eso es tan extraño que teniendo un temperamento tan ardiente (bien puedo confesároslo, pues no os aprovecharéis de ello) la naturaleza me haya dado una razón lo bastante fuerte como para escapar durante mucho, mucho tiempo a esos peligros. Sólo puedo contar lo que sentí y pensé personalmente cuando llegó también para mí la hora fatal; lo haré con toda sinceridad hablándoos de esa época de mi vida. En consecuencia, ninguna de las explicaciones dadas sirve para resolver ese enigma milenario, que probablemente quedará irresoluto. No es casual que la historia del mundo comience con la curiosidad de Eva y el goce del fruto prohibido. Los sabios que colocaron ese mito al comienzo de la historia del género humano sabían que era el centro, el punto de apoyo, el misterio de la historia del mundo, con la salvedad de que gozar del fruto prohibido no cierra sino que abre las puertas del paraíso.

Pensaréis, con razón, que no me hice todas esas reflexiones al volver –totalmente transformada– a casa de mis padres. Son el fruto de mis experiencias posteriores. Siendo aún niña, me encontré en el guardarropa del dormitorio de mis padres; ahora volvía jovencita de casa de mi tío, sin mi integridad inicial. Yo era otra, y a mi alrededor había cambiado el mundo. Se me había descorrido el velo ante los ojos. Hombres y cosas, todo, se presentaban con otra luz. Comprendía cosas que antes no había observado. El azar me lo había enseñado todo, pero también me había puesto en guardia contra el despilfarro de esos preciosos bienes. Mi primo me había hecho temer los excesos. Su rostro pálido, sus ojos sin brillo y todo su aspecto de joven vicioso me habían mostrado el destino de quienes se entregan en exceso a los goces secretos. Nunca he temido recurrir a ellos, pero jamás lo he hecho al precio de mi salud y mi jovialidad. Desde luego, si hubiese sido hombre quizá nunca me hubiese entregado a ellos, porque los hombres no tienen las mismas excusas para esos juegos secretos que las jóvenes, las mujeres y las viudas. No están tan oprimidos ni tan atados como las mujeres, que no se atreven a hacer un gesto, intercambiar una mirada o gozar abiertamente con las cosas del amor sin arriesgar su honor y ser inmediatamente blanco de las malas lenguas. Nosotras hemos de fingir siempre indiferencia; cuando quisiéramos obrar abiertamente hemos de hacerlo en secreto, y nos hace desdichadas no poder confesar que no somos indiferentes. El hombre no está obligado a tomar mil precauciones. Sólo tiene placer y goce, mientras nosotras corremos con todos los dolores. ¿Por qué entonces pierde en secreto, sobre su fría mano, lo que tantas ocasiones tiene de emplear mucho mejor? Decía por eso que los excesos, siempre peligrosos, lo son especialmente en las cosas del amor, y ese conocimiento adquirido por azar se ha conservado hasta hoy jovial, alegre y sensual. Volvía a casa de mis padres enriquecida, sobre todo por la certeza siguiente: hay dos morales en el mundo; la moral oficial que fundamenta las leyes de la sociedad burguesa y que nadie puede transgredir impunemente; y la moral natural entre los dos sexos, donde el resorte más importante es el placer.

Naturalmente, yo no conocía todavía esa ética; apenas si la adivinaba, oscuramente, por instinto, y no hubiese sabido por entonces formularla. He reflexionado a menudo y esta doble naturaleza de la moral siempre se me ha confirmado. Lo que está bien en los países mahometanos es inmoral en los países cristianos. La moral de la Antigüedad es distinta de la moral de la Edad Media, y lo que estaba permitido en la Edad Media ofusca nuestros sentimientos. La ley de la naturaleza es la unión más íntima entre el hombre y la mujer; la forma bajo la cual se cumple esa unión depende del clima, de las convicciones religiosas y del orden social. Nadie puede transgredir impunemente las leyes que le son impuestas; y esa presión que las leyes morales de un país ejercen sobre todos de igual manera incrementa los placeres de la voluptuosidad al hacerla secreta.

Mis padres observaban de forma ejemplar las formas externas de las leyes necesarias; y gracias a ello eran doblemente felices en las horas del placer. No lo hubiera creído jamás de no haberlo visto yo misma. Tengo, pues, razón en no creer en lo externo y no confiar en la apariencia. Pero los ojos ardientes, la coquetería y la conducta llamada ligera de ciertas mujeres son cosas no menos engañosas. Por experiencia sé que, entre las mujeres, quienes parecen prometer mucho son justamente las más frías e insensibles, incluso cuando cumplen sus promesas. «Aguas tranquilas, aguas profundas.» La sabiduría de ese proverbio se muestra con más evidencia en el carácter de la mujer. Sí, somos capaces de fingir incluso en el momento del desvanecimiento. No sólo lo he visto en mi excelente madre, sino en otras y en mí misma. Para la mujer es muy doloroso reconocer que goza. Nosotras damos placer y dejamos ver que eso nos hace dichosas; pero algo inexplicable nos impide confesar o dejar ver hasta qué punto gozamos. No creo que haya en eso otra razón sino el sentimiento bien vago de conceder al hombre amado sólo los derechos que ya tiene sobre nosotras y no aumentar en exceso su poder. El hombre, por naturaleza, debe combatir, vencer, superar esas dificultades, apuntar siempre más alto y siempre mejor. El completo hartazgo hace al hombre indiferente, perezoso, calmo, y para él representaría un completo hastío que la mujer expresase sus sentimientos y diese testimonio exterior de su goce. Es preciso que el hombre tenga siempre algo que combatir, que vencer; es preciso que la mujer tenga siempre algo para conceder, incluso cuando haya entregado ya sus favores supremos. Y cuando está ganada ya la victoria corporal, es preciso que quede por ganar una batalla espiritual. Esto no es un simple cálculo por nuestra parte, es el instinto. Cuántas veces habré observado a los animales, esos grandes maestros del hombre para las cosas naturales. La hembra se defiende, se retira, huye. El macho persigue, fuerza, domina. Cuando el macho ha conseguido su meta y ha acabado con toda defensa, se aleja. Entonces la hembra le persigue, exige ayuda, protección y subsistencia. Salvo en algunas especies animales, la hembra no expresa su voluptuosidad, pero no puede ocultar su deseo; sorprende al macho, lo excita, lo seduce. Cuando él está ya ardiendo encuentra un rechazo, una resistencia, y debe combatir. Creo que con esos combates y esas luchas la naturaleza ha querido alcanzar el máximo de excitación, el más completo flujo de las valiosas savias animales, cuya fusión y mezcla más íntima aseguran la perpetuación de la especie. Esos fluidos destilan, evaporan y relajan todavía más las fuentes nerviosas, hacen más perfecta la unión. Por eso los hijos nacidos de un combate amoroso son más robustos que los nacidos de un matrimonio aburrido, «concebidos entre vigilia y sueño», como dice Shakespeare. La provocación y el rechazo son, pues, leyes naturales, al igual que el deseo masculino de lograr una sumisión completa y el instinto femenino de negarse a tal sumisión. Cuando una mujer se queja de la frialdad de su marido es que ha sido demasiado sincera en el momento del gran placer y no ha dejado un solo deseo del hombre sin satisfacer.

Mi madre había ocultado el placer que experimentaba con el espejo. Margarita no me había mostrado su instrumento, y yo sabía que ambas eran sensuales hasta el grado máximo. Como veréis, no olvidé esta lección.

Todas esas cosas ocupaban del modo más agradable mi imaginación. El lado práctico era el único que conocía de cerca por la experiencia de mi primo. Había visto a dos seres amables, bien educados y virtuosos entregarse a los goces de un día de fiesta, disfrutando de los placeres de una posesión recíproca y entera. Con Margarita siempre me había quedado un deseo, sabía que algo más completo me esperaba. Ignoraba aún la materialidad, todo el mecanismo del goce animal. E incluso en la sensualidad secreta de mi primo había una brizna de poesía. ¿Sabía acaso yo lo que le impulsaba? ¿Conocía yo todas las pasiones humanas? Lo que me ofendía, en el fondo, no era sino su indiferencia hacia mí, tierna jovencita que acababa de ofrecerme a él. En conciencia, Margarita y yo éramos tan culpables como él. Si Margarita no me hubiera puesto en guardia, también yo hubiese caído en los excesos, dadas mi curiosidad y mi inexperiencia. Quizás hubiese perdido la salud como millones de jóvenes anémicos con ojos sombríos, que aprovechan cada momento de soledad para gozar codiciosamente de lo que prohíben la moral y las costumbres.

Estáis en lo cierto al pensar que, tras tantas experiencias, yo observaba a los hombres y las cosas con mucha más atención y con nuevos ojos. Veía secretos y disimulo por cualquier lugar, sospechaba intrigas entre todos los que me rodeaban, equivocándome la mayoría de las veces como más tarde hube de reconocer. Observaba, era todo oídos para descubrir lo que querían ocultarme y lo que me habían ocultado hasta entonces. Hubiese querido sorprender una vez más a mis padres, y hacía mil planes para conseguirlo, pero me asustaba demasiado ejecutarlos, tenía vergüenza de hacerlo, y hoy me alegra no haberlo hecho. Sorprenderles voluntariamente habría sido un sacrilegio. Y para qué manchar el tranquilo goce de dos buenas personas. No podía reprocharme haberlos descubierto por azar, ni haber visto la lascivia de Margarita; todo aún era para mí poesía, pero pronto conocería la prosa. Ya os he dicho que poco después de mi retorno a la casa me convertí plenamente en una jovencita. Veía con horror los primeros signos de mi madurez. Quería ocultárselos a mi madre, pues creía que esa sangre era consecuencia de mis encuentros con Margarita. Pero mis sábanas me traicionaron, y mi madre me habló por primera vez de esas cosas; me dijo justo lo suficiente para hacerme una idea. No sospechaba que su propio ejemplo me había enseñado mucho mejor. Poco tiempo después me confirmaron (tenía dieciséis años), y mis padres me llevaron con ellos al mundo. Me prestaban atención, tanto más cuanto que mi voz se desarrollaba y mi canto cosechaba sus primeras flores. Cada vez que cantaba en público me decían de todas partes: «Debéis entregaros al teatro y convertiros en una Catalini, ¡una Sonntag!».

Lo que escuchamos sin cesar se imprime a la larga en el cerebro, y aunque mi padre no quiso saber nada, encontré una aliada en mi madre. Acabamos decidiendo que sería cantante. Todos mis estudios se enderezaron a ese fin. A los dieciséis años gozaba de una libertad mayor que la mayoría de las jovencitas. Una pariente lejana, fea y temerosa, iba a acompañarme a Viena, donde debía desarrollar mi voz junto a un conocido profesor. Mi padre había hecho todo cuanto le permitía su fortuna, y sabéis cuánto se lo agradezco. Antes de partir vi muchas veces de nuevo a Margarita. Era mi amiga, mi confidente y mi maestra en esas cosas donde no puede haber mentor para las jovencitas, y que tan caro cuestan si no nos confiamos a un guía. Me sorprendió mucho ver que tenía una relación con mi primo. Así se lo dije, y ella se molestó mucho. Yo le había contado lo que había visto en otro tiempo, y Margarita fue tentada por la experiencia de corregir ese mal hábito, perjudicial para la salud. Me confesó que mi historia había excitado su imaginación y que había encontrado la ocasión de vencer su horror a las mujeres. Fingía estar avergonzada por haberlo seducido. Mi primo era diez años más joven que ella; pero me aseguró que no le concedía más de lo que me concedió a mí misma. Un niño que se ha quemado tiene miedo del fuego, y Margarita no olvidaba la debilidad mostrada por su querido Charles. Nunca he podido saber si decía la verdad. Pero observé con gusto que mi primo tenía un aspecto mucho más saludable, que ya no evitaba a las jóvenes y que a veces me miraba con ojos bien singulares. No necesitaba de ningún modo la ayuda de Margarita, y me contentaba con impacientarlo. Si no lo hubiese sorprendido, creo desde luego que hubiese tenido relaciones bien dulces con mi primo, porque teníamos ocasión de vernos sin problemas, una de las condiciones esenciales en los juegos de amor. Tenía yo también un miedo terrible a las consecuencias funestas. Margarita me había hablado de todo, con lo cual di mis primeros pasos por el mundo bien armada y con más inteligencia que la mayoría de las jovencitas. Siempre me ha servido saber con precisión de qué se trataba y cuáles eran los riesgos. La gente me creía fría y virtuosa cuando era simplemente iniciada y prudente. Si quisiéramos analizar la pretendida virtud de la mayoría de las mujeres, llegaríamos a resultados edificantes. Me he comprometido a ser sincera con vos, pero creo que casi todas las mujeres son muy raras veces sinceras, porque la astucia y el fingimiento forman parte de nuestra naturaleza. Si pudiésemos evitar mágicamente las desastrosas consecuencias, no habría ya más jóvenes virtuosas. Todas probarían por simple curiosidad, y gozarían tanto de su propia inclinación como de la voluptuosidad del hombre.

Antes de abandonar la casa paterna y de comprometerme con el camino lleno de espinos pero también jubiloso de una actriz, tuve la oportunidad de conocer el reverso de la medalla. Mis padres tenían también una finca con vacas y árboles frutales. Las gallinas y los pichones eran cosa mía, y yo me encargaba de su alimentación. El gallinero estaba pegado al establo, separado sólo por un tabique de planchas del granero donde se almacenaba la paja. Allí estaba una mañana cuando el cochero, que llevaba sólo quince días a nuestro servicio, entró en el establo empujando a la sirvienta. Ella reía con malicia; era fea, sucia, repulsiva. Luchó un poco, pero se abandonó tan pronto como él la tiró sobre la paja. Yo estaba de pie, tras el tabique, y les observaba por un agujero. Preferiría no haberlos visto, porque es imposible imaginar mayor contraste con todo cuanto hasta entonces conocía. Sin ternura alguna y sin demorarse en juegos preliminares, el cochero palpó los senos de la muchacha y el objeto de su grosero deseo, tras de lo cual se lanzó sobre ella e hizo todo aquello que mi padre le había hecho a mi madre. Pero todo lo que en mi padre había sido amable y tierno era ahora brutal. El cochero era demasiado animal; hubiese querido apartar la mirada, y todavía no comprendo qué me lo impedía. Las palabras que ambos intercambiaban eran aún más repulsivas. Tenían palabras groseras para todo cuanto yo no había oído nombrar todavía. Al fin, la crisis puso fin a esa oleada de porquerías. Estaba cansada de haber seguido con los ojos ese espectáculo repugnante. Temía moverme y revelar con ello mi presencia, con lo cual tuve que asistir a las maniobras de la muchacha excitando al cochero con los gestos y palabras menos femeninos. Él parecía no querer más, no tener prisa en responder a sus deseos. Pero ella acabó consiguiéndolo. Esta vez el encuentro duró mucho más. Ella acompañaba cada sacudida con exclamaciones que traicionaban su placer, pero que no eran menos infames.

Me había enriquecido esa nueva experiencia; siendo fea, como era, me había mostrado el reverso de aquello que mi imaginación adornaba con los encantos de la poesía más sublime. ¡Qué diferencia entre el acto de saciar su brutal deseo y la unión tierna e íntima de dos seres bien educados! ¡Qué poco quedaba de todo quitándole a la cosa la ternura, el temor, la espiritualidad! Entre ellos no había amor, ni siquiera inclinación. Él estaba con nosotros desde hacía quince días, y lo que acababa yo de ver no era probablemente la primera sesión. Ella había cedido al recién llegado los derechos del predecesor, sin ver en ello nada extraordinario. Pero si el cochero no era el único en gozar de tal estercolero, ¿cómo se las arreglaba ella para evitar las consecuencias de todas esas relaciones? Sus exclamaciones mostraban que ella lo absorbía todo hasta la última gota, y que ignoraba por completo las medidas de seguridad. Eso me hizo reflexionar mucho. Ciertamente, una sirvienta rural no tenía mucha reputación que perder. O ¿acaso daría ella a luz uno de esos pequeños infelices que padecen en el mundo la infamia de sus padres? En resumen, acababa de comprender las ventajas que proporcionan la educación, las buenas costumbres y el ideal. Porque la unión de los sexos y la excitación física de los nervios no son lo único que crea ese escalofrío de júbilo supraterrestre. No, es la emoción espiritual, la tensión de todas las fuerzas del alma, el abandono de la razón lo que procura esa alegría mágica elevando cada fibra por encima de su actividad terrenal. Si hubiese visto a esa pareja antes de presenciar el enriquecedor espectáculo que mi padre y mi madre me ofrecieron, mis inclinaciones y mis experiencias habrían sido muy distintas. Comprendí claramente que sólo somos juguetes del azar, que nuestras virtudes y nuestros vicios están moldeados por las impresiones que recibimos. Sin

Margarita, probablemente me habría casado enseguida, y sin el azar de la alcoba habría permanecido virgen hasta el matrimonio. Ese convencimiento de que dependemos de las impresiones exteriores y no podemos evitarlas voluntariamente me permitió ser buena e indulgente para con los otros. Lo que parece culpable al principio no suele serlo ya cuando nos preocupamos de investigar las causas y las circunstancias.

Los primeros tiempos de mi estancia en Viena estuvieron sensiblemente privados de satisfacciones. Carecíamos prácticamente de amistades, y yo seguía con asiduidad las lecciones de canto de mi excelente profesor. Mi única distracción era ir al teatro cuando había ópera. Tenía a menudo ocasiones de conocer personas. Estaba en esa situación de la jovencita que se llama tan justamente «la belleza del diablo». Muchos jóvenes me hacían la corte. Pero mi pequeña razón lo había puesto todo en orden. Quería ante todo convertirme en una cantante célebre; sólo después disfrutaría. Nada debía perturbar el curso de mis estudios. Rechazaba a mis admiradores con tanta severidad que pronto me dejaron seguir mi camino sola. Mi vieja pariente estaba encantada con mi virtud y mi conducta, aunque no sospechaba mis diversiones secretas, que, por lo demás, gozaba con comedimiento.

Llego a una parte de mis confesiones mucho más difícil de relatar que todo lo dicho anteriormente. Pero como os he prometido ser sincera, debo confesarlo todo. Olvidé escribiros que Margarita me había regalado el famoso libro *Felicia o mis locuras de juventud,* ilustrado con acuarelas que por sí solas me hubiesen iniciado en el centro de toda actividad humana si no lo estuviera ya. Esa locura me proporcionaba un placer increíble. Sólo me la permitía un día a la semana, la tarde del domingo, cuando tomaba mi baño caliente. En esas ocasiones nadie se atrevía a importunarme. El cuarto de baño estaba al final del apartamento y sólo tenía una puerta, que yo recubría con una manta para estar al abrigo de toda sorpresa. Allí estaba completamente segura.

Leía el libro tomando el baño. Producía en mí los mismos efectos que en Margarita. Pero ¿quién podría leer esas ardientes descripciones sin inflamarse y desfallecer de emoción? Una vez secada y envuelta en mi bata comenzaba para mí el paraíso, aunque fuese restringido. Me veía de cuerpo entero en el gran espejo. Mi placer taciturno comenzaba admirando cada parte de mi cuerpo. Acariciaba y apretaba mis jóvenes senos redondeados, jugaba con sus capullos y luego llevaba el dedo hacia la fuente inagotable de todas las delicias femeninas. Mi sensualidad había hecho rápidos progresos. Tenía sobre todo un derrame muy abundante de ese bálsamo tan dulce y embriagador que se escapa de lo más profundo de la hendidura femenina en el momento del éxtasis. Los hombres a quienes me he abandonado después siempre se mostraron encantados con esa preciosa cualidad, y eran incapaces de no expresar su deleite cuando mi chorro les inundaba. Por entonces creía que ese rasgo era común a todas las mujeres, pero es en realidad un don de los más raros. En París, uno de mis adoradores más ardientes perdió el conocimiento al sentir cómo le inundaba mi fuente por primera vez. Después, cuando le concedía mis favores, retiraba precipitadamente su lanza en el momento del éxtasis para llevar la boca a la herida eterna y beber largos sorbos de la impetuosa fuente, tras de lo cual volvía a entrar con renovado ardor y descargaba a su vez, pero en esa pequeña vejiga que Margarita había visto usar a su ruso. Esa fantasía de mi amigo parisino me incitó a sorber el chorro que brota maravillosamente y con una potencia eléctrica del árbol de la vida. Pero eso pertenece a mis confesiones ulteriores, y vuelvo a mis veladas vienesas. Sentía un gran placer siguiendo en el espejo los juegos lascivos de mi mano. El centro de la excitación sexual estaba a merced de cualquier ataque, porque abría los muslos todo lo posible. Atareada, tocaba, frotaba y acariciaba esa parte, para acabar metiendo el dedo en un interior que lo esperaba febrilmente. ¿Es posible relatar esas diversiones divinas? La sangre fustiga las venas, cada nervio se excita, la respiración se detiene y el rocío de vida brota al fin pleno, ardiente y consolador, humedeciendo y refrescando los labios de la boca de amor. El recuerdo de esas horas ardientes pasadas ante un espejo en el fondo de mi soledad, en Viena, me conmueve aún hasta tal punto al escribiros que mi mano se dirige inexorablemente allí donde ese recuerdo causa la impresión más viva. Por mi vacilante escritura veréis cuánto me emocionan esos sentimientos. Todo mi cuerpo tiembla de placer y de nostalgia. Tiro la pluma y...

6

Por demasiado intensa, la descripción del final de mi última carta me ha impedido relataros lo que quería. El recuerdo de los placeres secretos disfrutados en tiempos de mi floración virginal hizo que la pluma me saltase de la mano. De hecho, estas manos cumplieron un papel que incluso hoy no ha perdido sus encantos para mí, y al cual recurrí muy a menudo en mi justificada desconfianza hacia los hombres. Os he confesado lo más importante; con todo, he de hacer un gran esfuerzo de sinceridad para narraros lo que sigue. Como ya os escribí, no me arrepiento de nada cuanto hice para satisfacer mi sensualidad, con la única excepción de mi completo abandono a ese hombre sin conciencia que –sin vuestra ayuda– me habría hecho desdichada para siempre. Tampoco me arrepiento de lo que hice entonces en Viena, hacia el final de mis estudios musicales.

Cuando estuve lo bastante adelantada como para estudiar papeles, tuve necesidad de alguien que hiciese el acompañamiento. Esa persona debía estar al piano mientras yo caminaba por la habitación estudiando mi canto y mis gestos. Mi profesor me recomendó a un joven músico que salía del seminario. Este joven se ocupaba especialmente de música religiosa, y se ganaba la vida dando lecciones. Tenía unos veinte años, era excesivamente tímido y no muy guapo, pero estaba muy bien hecho, y era muy limpio y cuidadoso en su atuendo, como sucede con la mayoría de los que salen de una institución religiosa. Era el único hombre joven que frecuentaba regularmente nuestra casa, a la hora de las lecciones; resultaba por eso muy natural que se estableciera entre nosotros una especie de familiaridad.

Él me evitaba siempre, era muy tímido y casi nunca se atrevía a mirarme. Vos conocéis mi astucia y mi espíritu emprendedor. Me divertía por eso enamorándole, cosa que no me fue muy difícil. No hay cómplice mejor que la música; ella prepara mil ocasiones, y como mi talento se mostraba poderosamente durante esos ejercicios, observé que poco a poco se inflamaba.

Yo no lo amaba, sólo conocí ese poderoso sentimiento mucho más tarde, pero me divertía observar la influencia que ejercía sobre un hombre todavía puro, moral y físicamente puro. Era un juego muy cruel por mi parte, y, como hoy lo reconozco así, me es muy difícil relataros qué aconteció. Después de todo cuanto había visto, aprendido y experimentado por mí misma hasta entonces, sentía gran curiosidad por saber más. Con toda mi pequeña razón de jovencita independiente, me preguntaba cómo impulsar a Franz (pues tal era el nombre del joven músico) a algo más resolutivo que los suspiros y las miradas lánguidas durante mis ejercicios vocales. Pero cuando una mujer busca medios, los encuentra pronto. Mi anciana parienta iba dos veces por semana al mercado para hacer las compras necesarias, y salía a la hora de mis lecciones. Cuando Franz llegaba, la muchacha le abría la puerta sin venir a anunciarlo, porque sabía que yo lo esperaba. Basándome en eso tracé mi plan. Entre otras cosas, conté a Franz que con frecuencia no podía dormir por la noche, y que si volvía a acostarme después del desayuno era muy difícil despertarme dado lo profundo de mi sueño. Una vez que supo eso, me preparé para esperarle al día siguiente acostada sobre el sofá en una postura estudiada. Había levantado la pierna, la pantorrilla era visible hasta la liga, y el vestido mostraba un desorden natural donde quedaban desnudas la garganta y la nuca. Tenía un brazo sobre los ojos para poder ver por debajo todo cuanto Franz fuese a hacer. Le esperaba con el corazón latiendo, contenta por haber organizado tan bien aquella puesta en escena. Oí la puerta de la cocina cerrarse y él entró enseguida. Se detuvo como petrificado en el umbral. Su rostro se sonrojó, sus ojos se avivaron; parecían querer devorarme en el lugar sensible. El efecto que yo le producía era tan inequívocamente visible, incluso a través del pantalón, que por un instante tuve miedo de estar sola con él, expuesta a su arbitrio. Él tosió ligeramente, y luego con un poco más de fuerza, para despertarme. Como no me moví, se acercó al sofá y se agachó lo bastante para mirar por debajo de mi ropa. Yo lo había dispuesto todo para que viese algo, pero Franz me contó más tarde que vio exclusivamente mis muslos. Yo observaba todos sus movimientos y quería fingir dormir todo el tiempo posible. Él tosió de nuevo, se sonó con gran fuerza, movió las sillas de sitio. Yo dormía. Entonces se inclinó sobre mi garganta, y luego miró de nuevo por debajo de mis vestidos. Yo seguía durmiendo. De repente, salió del cuarto para partir o buscar a la muchacha.

¡El pobre! Me molestaba haber preparado esa escena en vano. Él me confesó más tarde que había buscado realmente a la doncella, pero que ésta había salido. Al cabo de unos minutos volvió, y parecía más decidido. Hizo de nuevo ruidos para despertarme, pero sin resultado, naturalmente, porque yo quería sacar provecho. Él estaba muy excitado y se preguntaba qué hacer. Pero yo había aprendido bien las lecciones de Margarita y de *Felicia;* sabía que un hombre no resiste mucho tiempo a semejante ocasión. Aunque no fuese experimentado, Franz no carecía de sentidos, y hubiera necesitado ser de piedra para resistir a esa tentación. Y verdaderamente tuvo la osadía de tocarme las pantorrillas, las rodillas y, por último, los muslos desnudos. Si ese contacto me excitaba ya tanto, ¿cuál debía ser su estado? Pobre jovencito: sus ojos estaban temerosamente clavados en mi rostro para ver si me despertaba. Al fin, se atrevió a tocar el punto que le atraía poderosamente. Cuando sentí por primera vez una mano de hombre en el punto central de todos los paraísos terrestres me inundó un escalofrío voluptuoso. Era distinto de todo lo que yo conocía. Y ya no hacía comedia cuando me puse a suspirar. Hice un movimiento y cambié de posición, pero sin por ello perjudicar a mi pobre y tembloroso caballero. Él pensó que iba a despertarme, pero pudo convencerse de que estaba en pleno letargo y recomenzó su juego. Gracias a mi nueva posición, Franz tenía mucha más iniciativa. Por eso mismo no se contentó con tocarme ligeramente, sino que levantó con delicadeza mi ropa para mirar. Vos mismo me dijisteis, al examinarme, que a pesar de la devastación provocada por aquella repulsiva enfermedad, estaba muy bien conformada en ese lugar. Podéis por eso creer que Franz quedó fuera de sí viendo todo. Acariciaba lo más ligeramente posible el lugar de todas sus ansias y –debo confesarlo– de mis deseos. Supe entonces cuál era la diferencia entre la mano de un hombre y la de Margarita o la mía. Sin dejar de fingir dormir, me estiraba, me retorcía, pero cuidándome bien de cerrar los muslos, cosa bien natural para una mujer dormida. Franz no podía ya controlarse. Abrió enfebrecido su pantalón y puso al descubierto el acero de los sacrificios, que sin duda me habría conquistado si las advertencias de Margarita no se me hubieran venido a la cabeza. Yo quería convertirme en una gran actriz. Era ésa una decisión inquebrantable para mí, pero estaba no menos resuelta a gozar todo cuanto pudiera de mi sexo sin peligro. Por eso mismo, no era cosa de abandonarse a un pequeño inexperto. Me desperté, por tanto, en el momento en que él se arrodillaba entre mis muslos, mirando con ojos aterrados al temerario, y con un solo movimiento lateral él perdió todas las ventajas de su posición.

Siempre habéis elogiado mi gran talento de actriz. Pues bien, aquí se produjo una bonita escena donde habríais tenido ocasión de admirar mis verdaderas dotes interpretativas. Por una parte reproches, decepción, llantos; por la otra temor, preocupación, vergüenza. Él olvidaba ocultar al verdadero traidor de la situación, cosa que me resultaba muy agradable, porque bajo mis lágrimas y sollozos yo podía satisfacer mi gran curiosidad. Podía felicitarme de mi comedia, que me había hecho ganar un joven bien robusto. La explicación fue muy simple. Le dije que me había deshonrado y que debería abandonar la ciudad si yo decidía quejarme de su conducta desvergonzada. Lo habría expulsado y no habría vuelto, de no ser porque confesé que tenía debilidad por él y que había percibido su amor hacía ya mucho tiempo. Le perdoné su falta a causa de su gran pasión. Dije todo esto con convicción y de modo muy natural; él me creyó a pies juntillas. Se calmó poco a poco y acabó ocultando lo que denunciaba su crimen de modo demasiado visible, y todo terminó con un largo beso que no quería acabar nunca.

Ese día no fuimos más allá. Franz estaba tan tímido como antes y ya no se permitía nada. Tras todos esos reproches, confesiones y perdones, todo transcurrió como si no hubiese sucedido nada. Nuestra lección de canto fue muy aburrida, y cuando mi tía volvió del mercado Franz se fue entre temeroso y alegre. Comprendí que mi maquiavélico plan no había servido de nada. Comprendí también que no iba a volver. Pero yo no quería haberme equivocado tan groseramente. Estaba inquieta y distraída; me rompía la cabeza para conseguir mis fines sin arriesgar el honor. Ante todo, debía encontrarme a solas con él. Como luego me confesó él, yo estaba en lo cierto: había decidido no volver a franquear nuestra puerta. No me era difícil hacer todo lo que quería porque no lo amaba, y me obstiné en hacer mi santa voluntad. Mi profesor de canto me sirvió de intermediario. Le supliqué que tuviese a bien examinarme para ver si había hecho progresos con el acompañante por él recomendado. En consecuencia, Franz hubo de asistir a ese examen, y le sorprendió mucho encontrarse de repente conmigo. Yo le dije a escondidas que necesitaba verle con urgencia, que mi tía o la doncella habían debido de percibir algo. Muy preocupado, dijo estar dispuesto a todo, y le di cita esa noche en el teatro.

Ahora bien, cuando los jóvenes tienen citas secretas el resto se sigue espontáneamente. Por tanto, había dado un gran paso. Esa noche dejé la casa como de costumbre y encontré a Franz en el lugar convenido. Él me esperaba. Le dije que, por las extrañas alusiones de mi tía, la criada había debido de espiarnos. Estaba desesperada, pues no sabía qué había hecho él mientras yo dormía y hasta qué punto había llevado su audacia. Le dije además que me sentía indispuesta y febril desde entonces, que sospechaba lo peor. Franz no sabía cómo calmarme. Mientras tanto, estábamos ya cerca de mi casa. De repente, en el punto álgido de mi excitación, me encontré mal, incapaz de dar un paso. Franz se vio obligado a buscar un coche de caballos, y si no llego a tirar materialmente de él me habría dejado volver sola a mi alojamiento. Pero en el carruaje oscuro y estrecho no podía escapárseme. Los minutos pasaban rápidamente, le dije que no podía presentarme lacrimosa y en aquel estado a mi tía, y le pedí que ordenase al cochero dar una vuelta. Todo marchó bien desde entonces. Las lágrimas se convirtieron en besos y los reproches en caricias. Sentía por primera vez el encanto de ser abrazada por un hombre. Me defendía débilmente, porque su timidez le habría detenido inmediatamente. Yo preguntaba siempre qué había hecho él durante mi largo sueño. Cuando vio que sus explicaciones y promesas no podían convencerme, acabó intentando probar que se había contentado con poco. Su mano buscó el lugar que le esperaba hacía mucho. Se atrevió a tocarme por primera vez, y su caricia me proporcionó una sensación enteramente distinta a la sentida mientras simulaba dormir, porque ahora me besaba en la boca. Yo cerraba los muslos todo lo posible y sólo los abría poco a poco, como cediendo a sus caricias. Me puse a suspirar y mis reproches cesaron al tiempo que la respiración empezó a agitárseme; gozaba con voluptuosidad de las ternuras de su mano, aunque fuesen bien torpes e inexperimentadas. Yo sabía esperar el buen lugar y provocar el buen momento. Franz ignoraba que la sensibilidad máxima para la mujer está cerca de la entrada del santuario. Intentaba siempre meterme el dedo lo más dentro posible, y cuanto más lo conseguía más fuera de sí se ponía. Yo percibía claramente que la naturaleza le dictaba ir hasta el final, unirse a mí completamente. Pero no se trataba de eso, y jamás iba a producirse entre nosotros. Así lo había decidido. Por esta razón, cuando me apretaba demasiado e intentaba otra cosa, lo rechazaba vivamente y amenazaba con pedir socorro. Cuando se alejaba, asustado, contentándose con lo que se le concedía, yo me mostraba de nuevo tolerante y buena. Me hacía muy feliz el éxito de mi plan, aunque ese goce fuese aún incompleto. Había tomado el carruaje para reponerme de mi indisposición, pero nuestra entrevista no permitía completar ese goce. Al final tuve que apresurarme para volver a casa a la hora.

Dejé a Franz con la certeza de volver a verle, y no me equivocaba. Vino, y entonces comenzaron una serie de horas felices y sensuales. Son aún hoy mi más bello recuerdo, aunque después haya conocido otras voluptuosidades más intensas y más ricas. Antes de narraros lo que siguió, debo intercalar aquí una aventura ocurrida ese mismo día, pues me permitió lanzar una mirada profunda a las condiciones vitales de la sociedad humana; una vez más, tuve la prueba de que toda apariencia es engañosa.

Mi vieja parienta estaba ya en la cuarentena, era una buena mujer de su casa, un modelo de virtud, de orden, de ahorro. Los dos únicos seres en quienes se interesaba eran un canario y un perrito seboso y redondo al que no dejaba nunca salir de su cuarto, y que llevaba a pasear durante el día. Volví más tarde de lo que pensaba, y la doncella me dijo que mi tía estaba acostada. Me desnudé inmediatamente, para que no observase mi desorden personal, porque quería ir a desearle buenas noches y contarle cualquier cuento para explicar el retraso. Como no quería despertarla, miré por el agujero de la cerradura para ver si aún había luz el cuarto. Todo lo esperaba menos el espectáculo que se ofrecía a mi vista. Mi tía estaba en la cama. Había quitado la colcha y tenía a su perro entre los muslos. El animal estaba ocupado en chupar con el mayor de los ardores los restos de su antiguo esplendor. El espectáculo no era muy apetitoso. La parte alta del cuerpo estaba vestida; sólo la parte inferior estaba desnuda. Los muslos delgados y descarriados estaban abiertos de par en par, para facilitar el esfuerzo al acalorado perro. La selva de pelos que rodeaba esa gruta misteriosa era tan espesa y densa que el morro del perro desaparecía allí y resultaba imposible ver cómo hacía gozar a su dueña.

¡De modo que también mi tía!

Por ella habría puesto la mano en el fuego, y ¡he ahí que la sorprendía! Probablemente ella temía entregarse a las manos de un hombre, pues verdaderamente ya no podía tener pretensión alguna de amor y de goce. Ese espectáculo era nuevo para mí; quería saber cuánto tiempo iba a durar y cómo acabaría; permanecí, por tanto, en mi puesto de observación. Mi tía había cerrado los ojos. No podía ver la expresión de su rostro y captar el efecto que ejercía sobre ella ese goce secreto. Pero los movimientos de su vientre decían expresivamente el placer que hallaba. Se movía al encuentro de la enfebrecida lengua de su perro, agitando las caderas a derecha e izquierda como para ayudarle. A veces cerraba los muslos y estrechaba al perrito. Parecía muy experimentada, pues cuando el perro redujo la velocidad, fatigado, ella se llevó inmediatamente la mano a la hendidura y recomenzó los movimientos secretos que su bienamado abandonara. El perro, excitado, se agarró a una de sus pantorrillas y, adoptando una posición natural, intentaba saciar su deseo. Al mismo tiempo que mi tía se animaba más y más para provocar la crisis bienhechora, el perro perseguía sus fines a su manera, pero no le fue tan bien como a su dueña. Mientras ella se apresuraba en obtener el éxtasis no tuvo tiempo de echarlo. Pero cuando el escalofrío voluptuoso conmovió su cuerpo y relajó sus miembros, abriéndose ampliamente la fuente interior, le dio un gran puntapié. La pobre bestia se refugió en su jergón, gimiendo. Mi tía quedó un instante inmóvil; luego subió las mantas y bajó la luz.

El inesperado espectáculo había terminado. Me cuidé bien de no revelar mi presencia tras la puerta. Era una experiencia más, y precisamente cuando me avergonzaba de engañar a mi tía con una mentira. Ahora sabía ya a qué atenerme. Sobre todo, quería probar yo también lo que había visto hacer. La cosa no debía de tener peligro, dado que mi tía se entregaba a ella. Me daba pena, confieso, ese perro feo que no había podido satisfacer su deseo. Deliciosamente emocionada por todo cuanto había aprendido ese día, me costó mucho dormirme y tuve sueños monstruosos donde Franz y el perro se confundían extrañamente. A la mañana siguiente lo primero que hice fue enviar a mi tía de visita a un barrio alejado, y cuando me quedé sola en el apartamento comencé la experiencia. Comprendí por qué encerraba mi tía continuamente al perrillo. En cuanto lo hube entrado en mi cuarto, comenzó a olisquear con fuerza junto a mí. Ya lo había observado antes, pero sin caer en la cuenta, porque mi tía lo llamaba enseguida y se lo ponía sobre las rodillas. No necesité grandes preparativos para obtener lo que buscaba. Tan pronto como me tumbé sobre el sofá, dejándole libre acceso a mi gruta, me rindió los mismos servicios que a mi tía. He conocido todas las variedades de goces secretos, y no miento al decir que la caricia de un perro, si no es demasiado violenta, es la más agradable de todas, aunque incompleta. La más agradable porque uno queda inactivo y puede abandonarse completamente a su imaginación. Incompleta porque nunca puede producirse una saciedad completa. La caricia de un animal no se acelera, no se anima, no se hace más expresiva; se mantiene igualmente agradable, cálida y húmeda. Tenía mucha curiosidad por saber cuánto tiempo soportaría tal excitación, y la cosa duró un buen cuarto de hora. Había razones para regocijarme con ese descubrimiento.

Ya que he podido soportar mi vergüenza, debo haceros otra confesión que nunca pensé hacer a nadie. Pero tenéis mi palabra, y quiero mantenerla. El perro se frotó contra mi pierna e intentó aplacar su deseo natural. Siendo como soy, esos esfuerzos del perro me divertían, y le dejé hacer. Al final acabó dándome pena y me puse a ayudarlo. El ardor con el que perseguía su deseo no me era desagradable. Y lo que veía me interesaba sobremanera, pues no tenía las mismas formas vistas hasta entonces en los hombres. Comprendí también las asombrosas escenas presenciadas en la calle. Os confesaré, pues, que alivié a ese pobre animal con la mano, y fue con placer como vi al fin brotar la savia que sirve para la reproducción; llegó con la misma abundancia que en mi primo.

Lejos de sentir remordimientos por tal perversión, añado que siempre he disfrutado extremadamente con el espectáculo de los animales. Tenéis quizá razón diciendo que eso es una perversión o, cuando menos, un desbordamiento de la sensualidad; pero debo haceros observar que siempre tuve fama de ser una mujer muy virtuosa hasta el día en que os hice –a vos sólo– la confesión de mi embarazo y de mi contaminación. Por consiguiente, mis gustos no han ofendido a nadie, y a nadie he perjudicado. Todo cuanto se relaciona con la unión íntima de dos seres ha ejercido siempre un extraño e irresistible encanto sobre mí, sin empujarme nunca a actos irracionales. He probado casi todo, pero jamás he hablado de ello, y sólo en mis relaciones más íntimas he desvelado mi verdadera naturaleza. Una vez, estando invitada por la familia de un gran terrateniente que poseía una cuadra de caballos ingleses y árabes, asistía casi todos los días a los asaltos de garañones admirables que cubrían a las yeguas. Lo había presenciado una vez por casualidad, y esa visión había quedado en mí como algo inolvidable. Gracias a mi astucia natural pude gozar de ese espectáculo durante más de tres semanas, por faltar mis amigos, que habían ido al balneario. Nadie sospechaba que espiaba los garañones escondida detrás de una cortina, porque mi cuarto no daba a los establos. No sé si habéis visto eso alguna vez entre caballos de raza; puedo afirmaros que no hay nada más bello que un garañón cubriendo a una yegua. Esas bellas formas, esa potencia, el fuego de los ojos, esa tensión aparente de todos los nervios, de todos los músculos, ese frenesí llevado hasta la rabia; todo el espectáculo presenta para mí un atractivo mágico. Cabe quedar frío, incluso sentir desagrado, o hablar de ello con desdén, pero es forzoso confesar que la copulación es el momento supremo de la vida animal, y que la naturaleza se ha dado en la mayoría de las ocasiones mucha gracia y belleza, incluso a los ojos del hombre. Los pájaros cantan con más fervor, los ciervos combaten, cada ser se acrecienta en fuerza y belleza. Todo eso se observa especialmente en los caballos de raza. La yegua se niega, obedeciendo una ley de la naturaleza, y el garañón debe acercarse con muchas precauciones para no exponerse a las coces. Poco a poco va logrando vencer su resistencia. Galopa alrededor de ella, se frota los flancos con las ventanas de la nariz de la yegua, relincha y no sabe cómo gastar el excedente de sus fuerzas. Bajo su aterciopelada piel todas las venas y músculos se hinchan, y el signo de la virilidad aparece en todo su tamaño. No vemos dónde va a caber todo eso. Al fin, la yegua acepta y se ofrece. En un abrir y cerrar de ojos, el garañón ataca furiosamente el objeto de su deseo. Durante un rato golpea en vano. El blanco es demasiado pequeño para los golpes de semejante lanza. Querríamos ayudar a la pobre bestia, y eso hacen los mozos de cuadra. Pero tan pronto como ha tocado el borde, apenas ha absorbido ella la punta, se produce un empujón indescriptible en potencia y resultados. Sus ojos se salen de las órbitas, expulsa vaho por sus narices; todo su cuerpo parece convulsionarse. Quien contempla ese espectáculo conoce un gran placer. No puedo ocultar que quedaba prendida por esa escena, que me excitaba siempre hasta el máximo. Como sucedió con los juegos secretos de mi tía, hago aquí estas confesiones a modo de digresión; pero retomo rápidamente mi relato.

Tras las declaraciones y las intimidades del carruaje, mi relación con Franz tomó un giro particular. Como no le amaba, pues no conocí ese poderoso sentimiento sino mucho más tarde y para mi desdicha, estaba decidida a no concederle jamás todos los derechos de un marido. Él debía servirme de diversión. Yo quería experimentar y conocer con él todo cuanto pudiera gozar sin riesgo. Naturalmente, él se volvió poco a poco más osado, pero como yo no le autorizaba todo, le dominaba siempre y hacía lo que quería.

Pasaba las horas más exquisitas estando a solas con él. Le permitía la libertad más total, y pronto no fue tan inexperto y salvaje como en el coche de caballos. Se atrevía a besar todas las partes de mi cuerpo, a acariciarlas y a gozar de ellas, aunque me costaba bastante trabajo impedirle ir más lejos. Cuando intentaba apostarse entre mis muslos, quitarse los calzones de repente y lograr el fin principal, yo lo empujaba hacia atrás, y sólo volvía a ser amable cuando él me prometía ser más comedido. ¡El pobrecillo sufría lo suyo! Muchas veces observaba que no podía dominar su excitación y que descargaba su fuerza. Hacía mucho que yo sentía una terrible curiosidad por ver ese miembro admirable que la naturaleza ha organizado tan maravillosamente, y con el cual el hombre puede hacernos inefablemente felices o indeciblemente desdichadas. Naturalmente, él no debía conocer lo que yo deseaba tanto sino que, al contrario, debía creer que era él quien me conducía paso a paso sobre ese sendero abrupto. El mejor medio era permitirle hacerme todo lo que yo deseaba hacerle hacer. El perro enano de mi tía me había enseñado que si bien no podemos tener todo cuanto deseamos, hay siempre ciertas compensaciones posibles. No me costó por eso impulsar a Franz a que me besara la boca y los senos, ni tampoco que eligiera un lugar más sensible para sus besos. Cuando mis suspiros, mis palpitaciones y mis sobresaltos le enseñaron que tenía debilidad por esa caricia, se hizo incluso espiritual y me procuró goces indescriptibles. A veces, parecía querer aprovecharse cuando me embargaban una postración y un abandono completos, tras verter mi interior. Se subía entonces entre mis muslos y esperaba aprovecharse de un segundo de descuido. Pero se equivocó siempre, porque incluso en el momento del éxtasis jamás perdía yo de vista todo lo que arriesgaba cediendo. Abandonaba entonces muy confuso el trono que creía haber conquistado ya. Gozaba ahora lo que Margarita me había contado de sus placeres secretos con su señora. Cuando Franz estaba acostado entre mis muslos y su lengua se entregaba al juego más loco y lascivo, lamiendo y chupando, intentando penetrar lo más posible, y cuando gozaba sin inquietud, extendida tranquilamente, me comparaba interiormente a la baronesa y me encontraba mucho más feliz que ella. Yo tenía a un hombre joven, guapo y robusto, ella sólo había tenido a Margarita. Franz era admirable, sobre todo en el momento del mayor deleite, cuando brotaba una ola caliente de mi interior y él no separaba sus labios sino que los pegaba aún más fuertemente y bebía como si quisiera absorber toda mi vida. Ese tipo de placer siempre ha tenido un atractivo extraordinario para mí. Ello se debe a la completa pasividad de la mujer que recibe las caricias del hombre y el homenaje extraordinario que así se rinde a sus encantos. Basta con el contacto exterior de la boca, con un simple beso, para que la caricia sea más que embriagadora; pero si, además, la lengua conoce su deber o lo ha aprendido de los temblores de las partes acariciadas, no sé si debo preferir ese placer a cualquier otro; por otra parte, dura más tiempo y no sacia.

Lo siguiente me resulta todavía mucho más difícil de contar que todo lo narrado hasta ahora. La verdad queda entre nosotros, y lo que no habría osado deciros de palabra debe saberse a pesar de todo. Era muy natural que tras tanta amabilidad y complacencia por parte de Franz hubiera reciprocidad. Llevaba mucho tiempo deseando hacer lo que había visto realizar a mi madre en ese día inolvidable donde provocó en mi padre repetidos goces. La cosa se hizo sola. Primero la mano, volviendo tímidamente los ojos, luego la boca todavía vacilante, luego gustando cada vez más y, por último, el placer entero y sin vergüenza. No sé qué sienten los hombres cuando se atreven a acariciar todos los objetos de sus deseos. Pero si me atrevo a deducir por lo que sentí mirando, acariciando, besando ese miembro maravilloso de la fuerza viril, y luego chupándolo y provocando el chorro impetuoso de la savia vital, la voluptuosidad del hombre es verdaderamente formidable. Lo que veía y tocaba ahora lo había visto ya en mi padre, en mi primo y en el cochero de mis padres. Pero debía conocerlo en todas las proporciones de su fuerza y belleza. Franz era más joven que mi padre, más sano y robusto que mi primo, más amable y tierno que el grosero mozo de cuadra. Hay sin duda muchas mujeres que por pudor o por hipocresía no saborean nunca este placer hasta el fin. Eso depende de muchas cosas; sobre todo del carácter de la mujer, y también de la violencia del hombre, que sólo se detiene muy involuntariamente en los preámbulos –por lo demás, tan agradables– y se lanza inmediatamente en busca del último goce. En cuanto a Franz, merecía desde luego ese desagravio, porque le cerraba con gran constancia lo que él llamaba su paraíso. Por lo demás, estaba tan excitado cuando me había besado, chupado y bebido que, por simple piedad, hubiese debido hacerle lo que le hacía. Obtenía yo poco placer cuando estaba así de excitado, porque bastaba con dos o tres movimientos de mi mano para aliviarle con el desbordamiento de su fuerza. En cambio, disfrutaba mucho cuando tras una breve pausa y un cuidadoso lavado renacía poco a poco en mi boca, cuando esa obra maestra de la naturaleza recobraba todas sus fuerzas. ¡Cómo engordaba! ¡Cómo enrojecía! ¡Qué tierno y sin fuerza tras el apaciguamiento! ¡Qué encantador era en el momento del chorro! No ocultaré, tras haberlo dicho todo, que en un momento de embriaguez cubrí con la boca el admirable nervio, pegué mis labios a su tierna punta y recibí toda la savia en mi boca, sin cesar de chupar hasta que la última gota de ese bálsamo se hubo derramado. Hasta hoy me bulle en las venas la sangre cuando pienso en ello, y verdaderamente nada lamento de cuanto hice entonces. Pero lo que hice más tarde me dio remordimientos, amargos remordimientos, y debo a vuestra desinteresada amistad que esos remordimientos no hayan envenenado el resto de mi vida. Como he podido comprobar, no se puede jugar con fuego, y los principios más fuertes pueden ser traicionados por un sobresalto momentáneo de los nervios, por un humor negro de nuestro interior. Bien triste sería si, leyendo estas cartas, una jovencita se viese impulsada a actuar como yo lo hice en circunstancias particulares. Si, por ejemplo, se entregase muchas veces por semana al placer solitario, por voluptuoso que fuera, se seguirían debilidades corporales y enfermedades. Si se confiase a la amistad íntima de una amiga sin asegurarse de antemano su discreción, se seguirían toda clase de molestias. Si permitiera a un joven que no desee desposarla toda clase de favores y además sin estar segura de sus sentidos, se haría desdichada para toda la vida. La lectura de libros voluptuosos e infames es muy peligrosa para las jovencitas. Más tarde he tenido toda una colección de esos libros, y conozco por experiencia la impresión que hacen. *Las memorias del señor de H...*, *Las galanterías de los abates, La conjura de Berlín, Las pequeñas historias* de Ailing y las *Novelas priápicas* en alemán, *El portero de los cartujos, Fábulas, Felicia o mis locuras juveniles,* etc., en francés, son verdadero veneno para las mujeres solas. Todos esos libros relatan el acto del amor de un modo atrayente, excitante, pero ninguno habla de las consecuencias, ninguno pone a una jovencita en guardia contra el abandono demasiado completo al hombre; ninguno describe los remordimientos, la vergüenza, la pérdida del honor y los dolores físicos que pueden sobrevenir. Por eso es el matrimonio una institución razonable que todo hombre razonable debe defender. Sin el matrimonio, los deseos sensuales harían de los hombres unas bestias salvajes. Ésa es mi creencia, aunque yo no me haya casado. Una actriz no se atreve a tener ataduras. No puede ser a la vez ama de casa, madre de familia e ídolo del público. Siento que habría sido una esposa concienzuda y una madre tierna de modo espontáneo si un marido me hubiese hecho lo feliz que merezco. Sería una compañera ejemplar porque conozco la importancia extraordinaria de la vida sexual en todas las condiciones humanas, porque sé por experiencia y por observación que ese punto conservado en secreto por los hombres más honorables y tiernos es el centro de la vida en sociedad, porque no ignoro nada de eso. Actuaría como actuó mi madre, esforzándome en ser siempre nueva para mi marido, prestándome a todas sus fantasías. Y, sin embargo, siempre le ocultaría algo, siempre tendría el aspecto de no hacerlo, cosa que es, a mi entender, la clave de la felicidad de toda vida humana.

7

Leyendo el final de mi última carta habéis debido de encontrarme muy seria; es también un rasgo de mi carácter. Siempre preveo las consecuencias de las cosas; siempre he de rendirme cuentas de las impresiones, los sentimientos y las experiencias. Ni la más violenta embriaguez de los sentidos ha podido nunca hacerme abdicar de mi espíritu crítico. Y hoy comienzo justamente un capítulo de mis confesiones que os lo probará bastante.

Mi relación con Franz continuaba. Yo era siempre muy prudente. Por eso mi tía no sospechaba nada, y nuestros encuentros eran secretos para toda nuestra vecindad. Además, no aceptaba nunca encontrarme sola con Franz más de una vez por semana. Se aproximaba el día de mi presentación en público, y Franz se volvía cada vez más temerario. Pensaba haber conquistado derechos sobre mí y se tornaba autoritario, como todos los hombres que se creen seguros de una posesión indiscutida. Pero yo no lo había entendido así, y tracé inmediatamente un plan. ¿Iba yo a encadenarme a un hombre sin importancia y a quien dominaba desde todos los puntos de vista al comienzo de una carrera brillante? Era peligroso abandonarlo en malos términos, pues estaba expuesta a su indiscreción. Se trataba de ser muy hábil. Conseguí desanudar nuestra relación con tanta finura que Franz sigue hoy convencido de que me habría casado con él si el azar no nos hubiese separado. Ese azar era mi obra. Hice comprender a mi profesor que su acompañante me perseguía con sus declaraciones y que estaba dispuesta a romper el curso de mi carrera artística para contentarme con «una casita y un corazón». Mi profesor, que estaba muy orgulloso de su alumna, y que contaba mucho con mi presentación, se molestó. Le supliqué que no hiciese infeliz al pobre Franz. Con ello conseguí mi propósito y Franz recibió un puesto en la orquesta del teatro de Budapest. Nos despedimos tiernamente; había roto nuestras relaciones sin tener nada que temer.

Poco tiempo después de nuestra separación, me presenté en el teatro de la Puerta Kaertner. Ya sabéis con qué éxito. Estaba más que feliz. Todo el mundo me rodeaba, me cercaba. Los aplausos, el dinero, la celebridad..., lo tenía todo. No me faltaban galanes, admiradores y entusiastas. Uno pensaba obtener su propósito con poesías, el otro con valiosos regalos. Pero yo había reparado ya en que una artista no puede ceder a su vanidad o a sus sentimientos sin arriesgarlo todo en el juego. Por eso fingí ser indiferente; desanimé a todos los que se me acercaron y adquirí pronto fama de mujer de virtud inabordable. Nadie sospechaba que tras la partida de Franz recurría de nuevo a mis placeres solitarios de las tardes del domingo y a las delicias del baño caliente. Sin embargo, no cedía nunca más de una vez por semana a la llamada de mis sentidos, aunque ellos pidieran mucho más. Me vigilaban mil ojos, por lo cual era excesivamente prudente en mis relaciones; mi tía debía acompañarme a todas partes y nadie podía reprocharme nada.

Eso duró todo el invierno. Me había instalado sin mucho lujo, pero muy cómodamente. Estaba introducida en la mejor sociedad y me encontraba muy feliz. Sólo raras veces lamentaba la partida de Franz. Sin embargo, circunstancias afortunadas me compensaron el verano siguiente. Había sido introducida en la casa de uno de los banqueros más ricos de Viena, y recibí de su esposa testimonios de la amistad más verdadera. Su marido me había hecho la corte, esperando conquistar fácilmente con su inmensa fortuna a una actriz de moda. Tras conducirse como todos los otros, me introdujo en su casa creyendo ganarme así. Con eso tenía yo mis entradas libres. Rechacé continuamente sus avances y fue quizá por eso por lo que su mujer se convirtió en mi amiga más íntima. Rodolfina, pues ése era su nombre, tenía unos veintisiete años; era una morena voluptuosa, muy vivaz, muy animada, muy tierna y muy mujer. No tenía hijos, y su marido –cuyas infidelidades conocía– le era bastante indiferente. Tenían una relación de amistad y no se negaban de cuando en cuando los placeres del matrimonio. A pesar de todo, esa unión no era feliz. El marido ignoraba sin duda que ella tenía un temperamento excesivo, algo que ella escondía con mucha habilidad. Pronto tuve la revelación de sus inclinaciones. Al acercarse el buen tiempo, Rodolfina se fue a vivir a una villa encantadora situada en Baden. Su marido iba allí regularmente todos los domingos, y llevaba a algunos amigos. Ella me invitó a pasar el verano, al final de la temporada teatral. Esa estancia en el campo iba a sentarme muy bien. Hasta entonces, sólo habíamos hablado del arreglo personal, la música y el arte, pero he aquí que nuestras conversaciones tomaron un carácter completamente distinto. La ocasión nos la proporcionó la corte que su marido me hacía. Observé que ella medía las infidelidades del marido por las privaciones que él le imponía. Sus quejas eran tan sinceras y ocultaba tan poco el objeto de sus pesares que decidí inmediatamente ser su confidente y hacer el papel de una amiga simple e inexperimentada. Había obrado con equidad y tocado su punto débil. Ella se puso de inmediato a darme lecciones; cuanto más me hacía la inocente y más inverosímil me parecía lo que ella me contaba, más se obstinaba ella en querer ilustrarme y más me decían sus labios aquello que llenaba su corazón. Por otra parte, ella gozaba mucho revelándome esas cosas. Mi asombro la dejaba estupefacta; no podía creer que una joven artista que actuaba con tanto temperamento lo ignorase todo. Ya al cuarto día después de mi llegada tomamos un baño juntas, enseñanza práctica que no podía faltar después de tantos discursos. Y cuanto más torpe e intimidada me mostraba, más disfrutaba ella iniciando a una novicia. Cuantas más dificultades ponía, más se inflamaba ella. Sin embargo, en el baño y de día no se atrevió a sobrepasar ciertas intimidades. Comprendí que iba a emplear su astucia para convencerme de pasar la noche con ella. El recuerdo de la primera noche pasada en la cama de Margarita me obsesionaba de tal manera que fui al encuentro de su deseo. Lo hice con tanta ingenuidad que ella se convenció aún más de mi inocencia. Creía seducirme, pero era yo quien la adecuaba a mi capricho.

Su dormitorio era de lo más encantador; estaba amueblado con todo el lujo que sólo puede permitirse un rico banquero, y con todo el refinamiento de un enamorado para una noche de himeneo. Fue allí donde Rodolfina se había hecho mujer. Me contó con todo detalle su experiencia y lo que ella había sentido cuando se rompió la flor de su virginidad. No me ocultó que tenía un temperamento muy voluptuoso. Me dijo también que hasta su segundo parto no gozaba prácticamente con los abrazos, por entonces muy frecuentes, de su marido. Su placer sólo se desarrolló poco a poco, y se hizo bruscamente muy vivo. Durante mucho tiempo no pude creerla, porque yo había tenido un temperamento muy ardiente desde mi juventud, pero hoy estoy convencida de su sinceridad. El marido es imperfecto en la mayoría de los casos; se apresura demasiado para acabar al poco de haber entrado; no sabe excitar la sensualidad de la mujer, o bien la abandona a medio camino. Rodolfina había tenido compensaciones, por lo cual era encantadora y ávida, capaz de soportar con humor la negligencia de su marido. No os contaré las locuras que hicimos las dos en su gran cama inglesa. Nuestros encuentros eran encantadores, lascivos, y Rodolfina era insaciable en el beso y en el contacto de los dos cuerpos desnudos. Gozaba durante dos horas y apenas sospechaba que ese tiempo seguía siendo demasiado corto para mí, tanto fingía yo ceder a disgusto y con vergüenza.

Nuestras relaciones pronto se volvieron más interesantes. Rodolfina se consolaba en secreto de las infidelidades del marido. En la villa vecina vivía un príncipe italiano. Tenía su domicilio habitual en Viena, y el marido de Rodolfina se ocupaba de sus asuntos financieros. El banquero era el humilde servidor de la inmensa fortuna del príncipe. Éste, en la treintena, era un hombre aparentemente muy severo, muy orgulloso, con una cultura principalmente científica; pero en su interior estaba dominado por la más viva sensualidad. La naturaleza lo había dotado de una fuerza física excepcional. Por lo demás, era el egoísta más perfecto que jamás he encontrado. Sólo tenía una meta: gozar a cualquier precio; y una ley: preservarse a fuerza de astucia de todas las consecuencias desagradables aparejadas a esos goces. El príncipe venía a menudo por la casa a cenar o a tomar el té cuando estaba el banquero. Sin embargo, yo no había observado que tuviese la menor relación con Rodolfina. Lo supe por casualidad, porque Rodolfina se guardaba bien de decirme una palabra. Los jardines de ambas villas se tocaban. Un día que cogía flores detrás de un haya vi a Rodolfina retirar una nota de debajo de una piedra, ocultarla rápidamente en su corsé y escapar hacia su cuarto. Sospechando una pequeña intriga, la espié por la ventana y la vi leer febrilmente la nota y quemarla inmediatamente. Luego se puso ante el secreter, probablemente para escribir la respuesta. Para engañarla, corrí a mi cuarto y me puse a cantar sonoramente, como si hiciera ejercicios. Pero por la ventana vigilaba el lugar de donde ella había retirado la nota. Rodolfina apareció pronto, se paseó a lo largo del muro, jugueteó con las ramas y luego escondió su respuesta con tanta presteza que no la vi hacerlo. Con todo, había visto bien dónde se había detenido más tiempo. En cuanto entró y me aseguré de que estaba ocupada, me precipité al jardín. Descubrí fácilmente la nota escondida debajo de una piedra. Encerrada en mi cuarto, leí:

«Hoy no. Paulina duerme conmigo. Mañana le diré que estoy indispuesta. No estoy para ti. Ven mañana, como de costumbre, a las once».

Estaba escrita en italiano y con una caligrafía deformada. Comprenderéis que lo entendí todo. Mi plan ya estaba hecho. No volví a poner la nota en su lugar. Con ello el príncipe vendría esa noche y nos sorprendería a las dos en la cama. Yo, la inocente, estaba en posesión de su secreto y estaba segura de no salir con las manos vacías.

Durante el desayuno habíamos convenido pasar la noche juntas. Por eso había rechazado la visita del príncipe. Durante el té me hizo comprender que no dormiríamos juntas al día siguiente, porque sentía aproximarse el momento de su regla. Pensaba engañarme, pero yo la tenía hacía mucho en mis manos. Ante todo, se trataba de lograr que se fuera a la cama antes de las once, para que no tuviese medio de evitar en el último momento la sorpresa que le reservaba. Nos fuimos muy pronto a la cama, y estuve tan loca, tan acariciadora y tan insaciable que pronto se durmió de fatiga. Pecho contra pecho, con sus muslos entre los míos, teniendo las manos recíprocamente en la fuente del placer, estábamos tumbadas; ella dormida y yo más y más despierta e impaciente. Había soplado la lámpara y esperaba con emoción. De repente oí crujir el suelo de la alcoba, un ruido de pasos en sordina; la puerta se abrió, escuché la respiración de alguien que se desvestía y acabó aproximándose a la cama por el lado de Rodolfina. Ahora estaba segura de mí, y fingí dormir profundamente. El príncipe –porque era él– levantó el edredón y se acostó junto a Rodolfina, que se despertó aterrada. Yo la sentía temblar con todo el cuerpo. Y entonces llegó la catástrofe: él quiso subir inmediatamente al trono que había poseído tantas veces. Ella se defendía; le preguntó rápidamente si no había recibido su respuesta. Intentando ir allí donde deseaba, me tocó la mano y el brazo. Grité. Estaba fuera de mí. Temblé, me apreté contra Rodolfina. Me divertí mucho con su miedo y la estupefacción del príncipe. Éste había lanzado una maldición en italiano, y Rodolfina hubo de callarse pronto cuando quiso hacerme creer que era su marido quien acababa de sorprenderla de repente. La colmé de reproches, la recriminé por haber expuesto mi juventud y mi honor a una escena tan terrible, porque había reconocido la voz del príncipe. Éste, comportándose como un perfecto galán, comprendió pronto que nada tenía que perder. Al contrario, ganaba una interesante compañera. Justamente eso esperaba yo de él. Tras algunas palabras tiernas y halagadoras, fue a cerrar la puerta del dormitorio, cogió las llaves y se metió en la cama. Rodolfina estaba entre nosotros. Luego vinieron las excusas, las explicaciones y los reproches. Pero nada podía cambiar las cosas. Debíamos callarnos los tres, para no exponernos a las consecuencias desagradables de ese azaroso e inexplicable encuentro. Rodolfina se calmó poco a poco, las palabras del príncipe se hacían más dulces. Yo sollozaba. Con mis reproches forzaba a Rodolfina a convertirse en mi confidente y, por tanto, a introducirme como cómplice de esa relación prohibida. Ya veis cómo la lección de Margarita y su aventura en Ginebra me aprovechaban. En el fondo era la misma historia, salvo que el príncipe y Rodolfina ignoraban ser marionetas en mis manos.

Rodolfina no me ocultó, pues, nada de su larga relación con el príncipe; pero le reveló lo que hacía conmigo, la pequeña inocente, y le contó cuánto ardía yo en deseos de aprender más de esas cosas. Eso excitaba al príncipe

¡y cuando yo intentaba hacerla callar, ella no hacía sino hablar con más ardor de mi sensualidad! Observé que él apretaba sus muslos entre los de Rodolfina, y que por el flanco intentaba obtener la meta de sus deseos. De cuando en cuando, sus piernas rozaban las mías. Yo lloraba, ardía de curiosidad, y Rodolfina intentaba consolarme; pero se distraía más y más con cada nuevo movimiento del príncipe. Pronto se agitó y comenzó a moverse; su mano intentaba hacerme compartir su placer secreto, y la dejé hacer. De repente, observé que otra mano se situaba allí donde Rodolfina estaba ya muy ocupada. No me atrevía a soportar eso, porque quería ser fiel al papel que me había dado. Me volví por tanto, muy molesta, hacia la pared; y como Rodolfina había quitado la mano al encontrarse con la de su amante en ese camino prohibido, me vi abandonada a mi enfurruñamiento y hube de terminar por mí misma y a escondidas lo que habían comenzado mis compañeros de cama. Pero apenas les volví la espalda, olvidaron toda continencia y toda intimidación. El príncipe se lanzó sobre Rodolfina, que abría sus muslos todo lo posible para recibir al huésped amado en su posición natural. La cama temblaba con cada sacudida. Yo me derretía de envidia. No veía nada, pero mi imaginación se inflamaba. En el momento en que los dos amantes se fundieron y se desbordaron suspirando y sacudiéndose, dejé escapar una oleada ardiente tan abundante que perdí el conocimiento.

Tras la práctica vino la teoría. El príncipe estaba ahora entre Rodolfina y yo, no sé si aposta. No hacía un solo gesto, y yo no debía temer nada. Sabía muy bien que debía permanecer silenciosa para conservar mi superioridad.

Esperaba, así pues, lo que ellos emprendieran. Rodolfina me dijo en primer lugar que si su marido la olvidaba y perseguía a otras mujeres, ella tenía todo el derecho a abandonarse a los brazos de un caballero tan amable, tan cortés y, sobre todo, tan discreto. En la época más bella de su edad ni quería ni podía prescindir de los más dulces placeres terrenales, tanto más cuanto que sus médicos le habían recomendado no castigar su naturaleza. Yo sabía además que su temperamento era muy vivo. Ella estaba segura de que yo no era indiferente al amor, que sólo temía las consecuencias. Ella sólo quería recordarme lo que habíamos hecho juntas esa misma noche, antes de la imprevista llegada del príncipe. Quise taparle la boca con la mano, pero era imposible sin acercar ésta hacia mi vecino, que se apoderó de ella y la besó a golpecitos, muy tiernamente. Era su turno ahora. Su papel no era fácil; debía sopesar cada palabra para no herir a Rodolfina. Pero yo notaba en la entonación de su voz que le importaba más conquistarme lo antes posible que atender al estado de ánimo de Rodolfina, que se veía ahora obligada a aceptarlo todo para que su secreto no estallara. No recuerdo nada de lo que dijo el príncipe para calmarme, excusarse y probarme que nada debía temer de él. Sólo recuerdo que el calor de su cuerpo me trastornaba, que su mano acariciaba mis senos, luego todo mi cuerpo y por fin el centro mismo de mis deseos y los suyos. Mi estado era indescriptible. El príncipe avanzaba con lentitud pero con seguridad. No toleraba sus besos, porque entonces habría percibido hasta qué punto ardía yo en deseo de dárselos. Luchaba conmigo misma, deseaba terminar esa comedia, poner fin a mi afectación y abandonarme completamente a las circunstancias. Pero entonces perdía mi superioridad con respecto a los dos pecadores, se me escapaban los hilos de mis marionetas, y además quedaba expuesta a las consecuencias del amor con ese hombre violento y apasionado; porque el príncipe no habría sabido limitar su triunfo una vez que resultara vencedor. Yo había observado con qué violencia terminó con Rodolfina. Todas mis oraciones habrían sido vanas, y quizás un paso atrás no me habría ayudado; por otra parte, ¿sabía yo si sería capaz de retenerme en el último momento? Toda mi carrera de artista estaba en juego. Fui firme. Me dejé hacer sin responder, y me defendía muy violentamente cuando el príncipe intentaba obtener ventaja. Rodolfina ya no sabía qué decirme ni qué debía hacer; ella sentía que debía romper mi resistencia esa noche, para poder atreverse a mirarme a los ojos a la mañana siguiente. Para excitarme aún más –cosa innecesaria entonces para mí– puso la cabeza sobre mi pecho, me besó, chupó mis senos, se precipitó entre mis muslos, pegó sus labios a la entrada aún inviolada del templo y comenzó un juego tan amable que le di plena libertad. El príncipe le había cedido su lugar, y me besaba en plena boca con voluptuosidad. Estaba cubierta de besos por arriba y por abajo. Yo no presentaba ya ninguna resistencia; él llevó entonces mi mano sobre su cetro y cedí sin voluptuosidad a su conducta. Mi brazo pasaba entre los muslos de la arrodillada Rodolfina, y observé que su otra mano estaba allí donde el cetro –ahora en mi mano– acababa de estar. Él me enseñaba a acariciarlo, a frotarlo, a apretarlo. Nuestro grupo era complicado, pero infinitamente amable; estaba oscuro y yo lamentaba mucho no poder ver, porque es preciso gozar de esas cosas con los ojos también. Rodolfina temblaba; los besos que me daba y las caricias del príncipe la excitaban en el más alto grado, haciéndola languidecer y abrir los muslos. El príncipe se incorporó de repente y adoptó una postura que yo ignoraba todavía. Se inclinó y la penetró por detrás. Yo había retirado la mano, pero él la cogió y la llevó allí donde se producía su unión más íntima con Rodolfina. Me enseñó entonces una ocupación que yo no sospechaba y que beneficiaba a los dos gozadores. Yo debía apretar unas veces la base de su bastón y acariciar otras el estuche que lo encerraba. Aunque fingía vergüenza, puse mucho celo al hacerlo. Rodolfina besaba y chupaba con mucha pasión, y juntos escalamos el grado más alto del goce. Era embriagador, tan intenso y agotador que tardamos un cuarto de hora largo en recobrarnos. Teníamos demasiado calor. Esa noche de verano nos sobraban las mantas, y estábamos tumbados lo más lejos posible unos de otros. Tras esta cálida acción, comenzó otra vez el razonamiento. El príncipe hablaba con sangre fría de ese extraño encuentro preparado por el azar, como si él hubiese organizado una fiesta campestre. Basándose en lo que Rodolfina le había dicho, ni siquiera se tomaba el trabajo de conquistarme; se contentaba con combatir mi temor a las consecuencias funestas. Bien sabía que era innecesario convencerme para la cosa misma. El virtuosismo de mi mano, el placer de que había disfrutado, que los latidos demasiado fuertes de mi corazón y el temblor que mis muslos delataban, todo eso le había revelado mi temperamento. Le bastaba con demostrarme que no había peligro, y eso es lo que intentaba hacer con toda la soltura de un hombre de mundo. Propuso dejar pasar un tiempo y no exigió siquiera la repetición de esa noche. Luego nos abandonó, porque ya era de día. Él sacrificaba con gusto la duración de un goce a su secreto y a su seguridad. Debía atravesar el guardarropa, el corredor, trepar una escalera, salir por una ventana y pasar de nuevo por una abertura en el techo antes de encontrarse en su casa y volver a entrar a escondidas en el apartamento. La despedida fue una mezcla maravillosa de ternura, timidez, halagos, deferencia e intimidad. Cuando hubo salido, ni Rodolfina ni yo teníamos ninguna gana de explicarnos; estábamos tan fatigadas que nos dormimos al instante. Al despertar, fingí desconsuelo por haberme encontrado entre las manos de un hombre, y dije sentirme ultrajada por el hecho de que ella le hubiese contado nuestros placeres. Rodolfina ni siquiera observó cómo me divertían sus palabras de consuelo.

Naturalmente, me negué a acostarme con ella la noche siguiente; mis sentidos no debían alejarme más de esas buenas resoluciones; no quería repetir tal cosa; quería acostarme sola, y haría mal ella creyendo que permitiría al príncipe lo que ella le otorgaba tan fácilmente. Ella estaba casada, podía quedar encinta, pero yo, artista, observada por mil ojos, no me atrevía; eso me haría desdichada.

Como me esperaba, ella me habló entonces de las medidas de seguridad. Me contó que había conocido al príncipe en una época en que no frecuentaba a su marido, tras una disputa, cuando por eso mismo no se atrevía a quedar encinta. El príncipe había apaciguado entonces todos sus temores empleando condones, y yo podía probarlos igualmente. También me dijo que más adelante había tenido ocasión de ver que el príncipe tenía mucha sangre fría y que era muy dueño siempre de sus sentimientos. Además, sabía incluso otra manera de poner a cubierto el honor de las damas, y pronto lo aprendería si era muy amable. En resumen, Rodolfina intentó persuadirme por todos los medios para que me abandonara por completo al príncipe y disfrutara de las horas más joviales y felices. Le hice comprender que sus explicaciones y sus promesas no me dejaban enteramente fría, pero que seguía albergando muchos temores.

Hacia mediodía, el príncipe hizo una visita a Rodolfina, una visita de conveniencia que se dirigía también a mí; pero me sentí indispuesta y no aparecí. Así ellos podían acordar sin miedo las medidas que tomarían para vencer mi resistencia e iniciarme en sus juegos secretos. Como yo no quería acostarme con Rodolfina, debían ponerse de acuerdo para sorprenderme en mi dormitorio, y lo más deprisa posible, para no dejarme tiempo de arrepentirme y volver quizás a la ciudad. No me equivoqué.

Durante la tarde y la noche Rodolfina no volvió a hablarme de la víspera. Me acompañó a mi dormitorio y despidió a la doncella. Cuando me acosté, fue ella misma a cerrar la antecámara. Nadie podía venir a molestarnos. Se sentó sobre mi cama e intentó convencerme con el mejor de los ánimos. Me lo describió todo de modo bello y seductor, asegurándome que no tenía por qué temer nada. Naturalmente, yo fingía ignorar que el príncipe estaba en su cuarto y que quizá nos escuchaba detrás de la puerta. En consecuencia, debía ser prudente y sólo ceder poco a poco.

–Pero ¿quién me garantiza que el príncipe empleará el capuchón que me describes?

–Yo. ¿Crees que le permitiría nada distinto de lo que yo misma le permitía los primeros tiempos? Te garantizo que no aparecerá en este baile sin capucha.

–Pero eso debe de doler terriblemente. Condujo mi mano, ¿sabes?, y me obligó a sentir su vigor.

–En el primer momento, quizá te duela realmente; pero hay también remedios contra eso. Tienes aceite de almendras y *cold-cream;* nosotros conduciremos al amenazador enemigo para que penetre más fácilmente.

–¿Y estás bien segura de que ninguna gota de ese peligroso licor atravesará el capuchón para hacerme desdichada?

–¿Acaso me habría abandonado yo sin esa condición? Yo lo arriesgaba todo entonces, porque no tenía relación alguna con mi marido. Cuando me reconcilié con él empecé a permitírselo todo al príncipe. Pero actualmente me las arreglo para que mi marido me visite cada vez que el príncipe ha estado conmigo, y eso ocurre al menos una vez cada ocho días; así nada tengo que temer.

–Ese pensamiento me aterra. Y además está la vergüenza de entregarse a un hombre. No sé qué debo hacer. Me encanta todo lo que me dices, mis sentidos me ordenan ceder a tu consejo. No querría por nada del mundo volver a soportar una noche como la anterior, porque entonces sería incapaz de resistir. Tienes razón, el príncipe es tan bello como galante. Nunca sabrás todos los sentimientos que se despertaron en mí cuando os oí ser felices, allí, a mi lado.

—Yo también tenía un doble placer haciéndote compartir, aunque imperfectamente, lo que sentía. No hubiera creído jamás que fuese posible un goce tan violento como el que disfruté anoche. Lo había leído en los libros, pero siempre pensé que exageraban. Me resulta odioso el pensamiento de una mujer compartida por dos hombres, pero considero que es posible un encantador acuerdo entre dos mujeres y un hombre razonable y discreto; por supuesto, es preciso que las dos mujeres sean verdaderas amigas. Pero una no debe ser más vergonzosa y asustadiza que la otra. Y eso sigue siendo falta tuya, querida Paulina.

—Es una gran suerte, querida, que tu príncipe no esté ahí para escuchar nuestra conversación. No sabría cómo defenderme de él. Lo que has dicho me consume. Mira tú misma cómo ardo aquí y cómo tiemblo toda.

Diciendo esto me destapé, abrí los muslos y me situé de manera que si alguien mirase por el agujero de la cerradura no se le pudiera escapar nada. Si el príncipe estaba allí, era el momento de entrar, y entró.

Como perfecto hombre de mundo lleno de experiencia, comprendió inmediatamente que toda palabra era inútil, que debía ante todo vencer y que luego ya habría tiempo para las explicaciones. Por la conducta de Rodolfina, vi enseguida que todo estaba preparado de antemano. Quise ocultarme bajo las mantas, pero Rodolfina me las arrancó; quise llorar, pero ella me asfixiaba a besos, riendo. Y como esperaba en definitiva la realización inmediata de mi deseo más prolongado, tuve que armarme de paciencia. No había contado con la envidia de Rodolfina. Aunque necesitaba tenerme de cómplice, aunque temía ver fracasado su plan en el último instante, no me concedió las primicias del goce de ese día. Con una expresión que le envidiaba, pero que no me atrevía a desenmascarar sin salir de mi papel, dijo al príncipe que yo consentía y que estaba preparada para todo, pero que quería convencerme de la eficacia del medio empleado, y que ella deseaba someterse a una prueba ante mí. Vi bien que el príncipe no esperaba tal oferta y que hubiera preferido hacer esa prueba directamente conmigo antes que con Rodolfina. Pero no había más remedio que plegarse. Rodolfina sacó de su bolsillo varias vejigas, sopló en una para convencerme de que era impermeable; luego la humedeció y se la puso al príncipe con muchas caricias y risas. Luego se desnudó rápidamente, se tumbó en la cama a mi lado, atrajo al príncipe sobre sí y me incitó a observar con atención para perder todo temor.

Y así lo vi realmente todo. Vi el éxtasis de esos dos bellos seres; vi la fuerza de él, su potencia; lo vi penetrar en ella, y a ella ir a su encuentro; los vi olvidar todo a su alrededor; el arrebato crecía; al fin, entre suspiros, se produjo el éxtasis.

Rodolfina no aflojó el abrazo de sus muslos antes de haber recuperado la lucidez; entonces, con un rostro que lanzaba destellos de luz, retiró el capuchón y me mostró con aire triunfante que ninguna gota había desbordado. Ella se tomaba todo el trabajo imaginable para hacerme comprender lo que Margarita me había explicado ya tan bien, pero que nunca había sabido procurarme, pues entonces Franz hubiera podido emplearlo también.

Rodolfina rebosaba alegría; me había mostrado su supremacía, había obtenido las primicias del príncipe, que esa noche esperaba ciertamente otro plato. Decidí tomarme la revancha más tarde. El príncipe estaba extremadamente amable. En lugar de aprovecharse de la ventaja adquirida, nos trató a ambas con mucha ternura. No tomaba nada, se contentaba con lo que le concedíamos y hablaba con fuego del placer que un divino azar le procuraba con dos amables mujeres. Describía nuestras relaciones con los colores más bellos. Así llenaba el tiempo necesario para recuperar sus fuerzas; ya no era muy joven, pero seguía siendo valiente en el placer.

Al fin llegó el instante. Me suplicó que confiase enteramente en él. Rodolfina me preparó con mucha zalamería. Yo asistía a ello, mirando a través de los dedos. No se ahorró *cold-cream*. En fin, el instante deseable había llegado, iba a recibir a un hombre. Hacía mucho que me preguntaba cómo engañar al príncipe sobre mi virginidad; pues la primera vez que usé el consolador de Margarita perdí eso tan preciado por los hombres. Como quería abandonarme y había consentido en ser la tercera en sus juegos, me entregué sin falso pudor y me dejé hacer todo cuanto deseaban mis dos compañeros. Rodolfina me extendió sobre la cama de tal manera que mi cabeza estaba apoyada en la pared y mis dos muslos colgaban al borde de la cama, tan abierta como me era posible. El príncipe contemplaba con miradas inflamadas esos tesoros expuestos a su vista. Alejó mi mano con besos ardientes y puso su lanza en ristre. La paseó, sin violencia, por la hendidura de arriba abajo. Rodolfina seguía con ojos llenos de envidia todos sus movimientos. Entonces, él puso su lanza sobre la entrada misma y la hundió lo más suavemente posible. Hasta ese momento me había invadido una sensación muy dulce, pero no había experimentado la voluptuosidad. Ahora me hacía realmente daño y me puse a gemir. Rodolfina me daba ánimos. Chupaba la punta de mis senos y luego me palpaba allí donde el príncipe intentaba entrar; me aconsejaba levantarme sobre los muslos todo lo posible. Obedecí maquinalmente, y el príncipe entró de repente con tal potencia que se introdujo hasta la mitad. Lancé un grito de dolor y lloré a lágrima viva. Estaba extendida como un cordero en el trance del sacrificio; pero estaba decidida a llegar al final. El príncipe se movía lentamente de acá para allá, intentaba penetrar aún más profundamente. Yo sentía que la cosa no iba, que un músculo, una pequeña piel o algo le cerraba el camino. Rodolfina me había puesto un pañuelo sobre la boca para ahogar mis gritos. Yo lo mordía; soportaba todo para conseguir al fin lo que tanto había deseado. Un líquido resbalaba a lo largo de mis muslos. Rodolfina gritó triunfante: «¡Sangre!, ¡sangre! ¡Os felicito por esta bella virginidad, querido príncipe!». Él, que hasta entonces había procedido con toda la dulzura posible, olvidó al oír esas palabras toda consideración y penetró con tal vigor que sentí su vello mezclarse con el mío. No me había hecho demasiado daño, y lo más doloroso de la operación había pasado ya. Pero mis expectativas no estaban en modo alguno satisfechas. Mi vencedor se hizo más apasionado. Sentí de repente algo cálido derramarse en mi interior; después, el vigor cedió y el miembro se escapó. Verdaderamente, mentiría si hablase de un placer. Por lo que Margarita me había contado y por mis propias tentativas, esperaba un placer mucho más intenso. ¡Mis padres habían estado tan enloquecidos! Me complacía ver el éxito de mi astucia y no haberme equivocado en mis cálculos. Como fingía estar desvanecida, oí al príncipe hablar con entusiasmo de los signos evidentes de mi virginidad. En efecto, mi sangre se había desparramado por la cama y por mi camisón. Era mucha más de lo que me atrevía a esperar, sobre todo tras el desdichado ensayo con el consolador de Margarita. Verdaderamente, había una diferencia entre ese instrumento y la plena virilidad del príncipe. En todo caso, no era mi propio mérito sino más bien un puro azar; además, la virginidad es en general una quimera. He hablado a menudo con mujeres, y he escuchado las cosas más contradictorias. Ciertas muchachas tienen el sexo tan grande que no puede haber obstáculo para la primera entrada. Otras, en cambio, lo tienen tan estrecho que –incluso después de haber gozado– el hombre cree siempre ser el primero. Además, es muy fácil engañar al hombre, sobre todo si cree en las buenas costumbres de la joven. Si se trata de engañarlo, la joven no tiene más que esperar la llegada de la menstruación. Basta con que gima un poco, con que se retuerza, y el feliz poseedor jurará haber disfrutado de las primicias, cegado por las gotas de otra sangre.

Pero era ya hora de que me despertase de mi desvanecimiento. Se había cumplido mi voluntad. Se trataba ahora de gozar sin salirme del papel de jovencita seducida. Lo principal estaba hecho. El príncipe y Rodolfina experimentaban un placer particular consolándome, pues estaban convencidos de iniciar a una novicia. Se desnudaron y se metieron en la cama conmigo, colocándose el príncipe en medio. Descorrimos las cortinas y comenzó un juego encantador e indescriptible. El príncipe fue lo bastante honesto como para no hablar de amor, de languidez ni de nostalgia. Era sólo sensual, pero con delicadeza, porque sabía que la delicadeza adereza los juegos amorosos. Yo mantenía siempre el aspecto de haber sido violada, pero aprendía con la mayor presteza todo cuanto me era enseñado. Sus dos manos estaban ocupadas con nosotras, las nuestras con él. Cuanto más se complicaban los besos, más se animaban nuestras manos y se agitaban nuestros cuerpos. Nuestros nervios temblaban de voluptuosidad. ¡Era un gran placer besar a semejante hombre! Y hubiera debido ser de piedra para no calentarse. Sin embargo, la segunda eyaculación lo había fatigado. Gozaba unas veces junto a Rodolfina y otras junto a mí. Pero yo no le dejaba acercarse jamás sin que se preparase. Con todo, él estaba bien seguro de su papel. Me dio su palabra de honor de que podría intentarlo sin capuchón, que no arriesgaba nada, que era dueño y señor de sus fuerzas; pero yo no me atrevía a abandonar tan fácilmente mi papel. Comenzó por tanto con Rodolfina; y realmente ella perdió dos o tres veces el conocimiento sin que su fuerza disminuyese. Luego se aseó y me penetró. Al comienzo, aún me hizo algo de daño, pero pronto me dominó la voluptuosidad, y sentí por primera vez en mi vida una satisfacción completa. Para demostrarme que era dueño absoluto de sus fuerzas, no terminó en mí; me dejó sin desparramar su licor, cuando estaba desvanecida de deleite, arrancó violentamente el condón y se lanzó sobre la voluptuosa Rodolfina. Ésta me dijo que me sentase sobre ella, pues quería apaciguar con la lengua lo que el príncipe había puesto a hervir. Me hice rogar mucho; una tela húmeda refrescó el objeto de mis deseos, y quedó compuesto un grupo encantador. Mientras el príncipe ensartaba a Rodolfina yo estaba arrodillada con los muslos bien abiertos sobre su rostro. Su lengua tenía un amplio campo donde abatirse, porque su cabeza estaba inclinada hacia delante por almohadones. Completamente desnuda (porque el príncipe había arrancado mi camisón en su impaciencia amorosa), estaba pegada a ese bello hombre que aplastaba mis senos contra su pecho y me besaba sin cesar. Dos lenguas reavivaban el incendio apenas extinguido. Mi voluptuosidad crecía, mis besos se hacían más apasionados, y me abandoné completamente a esa doble excitación. El príncipe estaba fuera de sí, nos aseguraba no haber disfrutado jamás de una dicha semejante. Al llegar el momento de la crisis, me sentí envidiosa de que una oleada tan abundante se desparramara completamente en la hendidura de Rodolfina, y fingiendo un desvanecimiento me dejé caer con todo mi peso hacia un lado. Había calculado bien; tiré al caballero de Rodolfina de su silla. Al caer, vi desunirse las dos partes, antes tan estrechamente encadenadas. ¡Cuán rojo fuego y excitado era lo de él; cuán grande y violentamente abierto era lo de ella! Era distinto de cuanto había visto hasta entonces, pero no era más amable. Les asusté al caer. No pensaron en continuar su placer, sino que me ayudaron. Había conseguido mi propósito, y me costó poco recobrar el conocimiento. No ocultaba en absoluto que me hacía muy feliz ser iniciada con tal arte en los misterios del amor. Pero rechazaba toda renovación, era incapaz de soportar más. El príncipe quiso probarnos que podía renunciar al placer más vivo si no lo compartíamos los tres, y dejó a nuestro cargo su satisfacción. Yo no sabía lo que esperaba, pero Rodolfina –más lasciva que nunca– aceptó inmediatamente. El príncipe se extendió desnudo sobre la cama y yo hube de imitar a Rodolfina, que provocaba con los dedos la maravillosa fuente. Cuando yo lo besaba y jugaba con los recipientes del dulce bálsamo, Rodolfina tomaba el eje en su boca. Al final brotó el rayo espumoso, mojándonos a todos. Bien me habría gustado tomar el puesto de Rodolfina, que absorbía esa ardiente savia, pero debía ser inexperta aún y aprenderlo todo. Comprenderéis que no pueda olvidar esta noche incomparable. El príncipe nos dejó bastante antes de rayar el alba y dormimos juntas, estrechamente abrazadas, hasta pasado de mediodía.

8

Tras ese largo y profundo sueño, que nos reconfortó de las fatigas sufridas durante la noche, desayunamos copiosamente. Rodolfina hubo de confesarse, es decir, contarme con todo detalle su relación con el príncipe. En el fondo, su historia no era sino la de toda mujer sensual descuidada por su marido. Gracias a su gran experiencia, el príncipe había comprendido enseguida la desdicha secreta de la unión de Rodolfina, y ella no pudo ocultarle mucho tiempo su temperamento impresionable. En esas circunstancias, el príncipe se había aproximado a ella con mucha prudencia y finura. Apasionado, pero de exterior frío, evitaba comprometerse. Había sabido aprovechar el humor frívolo del marido para excusar la propia infidelidad de Rodolfina.

Atormentada por su temperamento, y queriendo hacía tiempo vengarse de la frialdad del marido, Rodolfina se había dejado seducir. En general, la venganza es lo que empuja más fácilmente al adulterio, aunque las mujeres casadas sólo lo confiesen involuntariamente. Rodolfina me declaró que no amaba al príncipe, pero yo tuve ocasión de observar que estaba celosa de sus favores y hasta de sus amistades. Me confesó, además, que el príncipe era el único hombre al que se había entregado con excepción de su marido.

Lo creo. Rodolfina tenía que vigilar celosamente el renombre mundano de su marido y su honor, aún intactos. Debía elegir sus relaciones con mucha prudencia. Su marido no habría aceptado impunemente una conducta ligera por su parte; aunque no la amara, era soberbio y temía el ridículo. En esas particulares circunstancias, creo que el príncipe fue el único hombre a quien concedió sus favores; por otra parte, no creo engañarme diciendo que, antes de encontrar al príncipe, hubiera sido muy fácilmente la presa de todo seductor diestro si le hubiese sido propicia la ocasión, que es la mayor entrometida del mundo.

Por eso, la historia de Rodolfina no tenía nada extraordinario, pero yo escuchaba con gusto esa confesión. Siempre me han cautivado historias semejantes relacionadas con mi sexo. Tengo el don de provocarlas por astucia o sorpresa, si mis amigas no me abren voluntariamente su corazón y no quieren revelarme el secreto de su manera de pensar y sentir.

Tales comunicaciones me interesan psicológicamente, ensanchan mi punto de vista, mi conocimiento del mundo y de los hombres. Me confirman en mi idea, tantas veces repetida: nuestra sociedad vive de la apariencia; hay dos morales, una ante los hombres y otra a solas entre nosotras.

En efecto, ¡cuánta experiencia tenía yo a pesar de mi juventud! En primer lugar, un padre severo y digno, y una madre virtuosa, a quienes sorprendí en el momento de la embriaguez de los sentidos, en el momento del triunfo de la voluptuosidad. Luego, Margarita, aunque viva y animada, siempre hablando de las conveniencias y de las buenas costumbres, sermoneando continuamente a mi primita, ¡cuántos hechos había confiado ella a mi joven oído, por si no hubiese visto con mis propios ojos cómo apaciguaba los deseos que la consumían! También, mi tía, el ejemplo más completo de la anciana severa y áspera. Y Rodolfina, esa mujer elegante y joven que se entregaba a un hombre porque el goce conyugal se le otorgaba con demasiada tacañería, a su entender. Y el príncipe, ese hombre exteriormente frío, ¡qué vigor sensual poseía! Y esas personas ¿no tenían en su círculo fama de la más alta moralidad? Sí, yo tenía razón: el mundo se basa en la apariencia.

Ahora que había logrado mi meta y era la confidente de Rodolfina y el príncipe, creí fuera de lugar mi mojigatería y confesé a Rodolfina –no sin fingir sonrojo– que los embates de la noche pasada y los abrazos del príncipe me habían causado gran placer. Rodolfina me abrazó muy tiernamente por esa confesión. Estaba todavía feliz por haberme iniciado en los misterios del amor, por haber sido mi amante y por haberme procurado tanto goce, debido en el fondo sólo a mi propia astucia.

Por la noche el príncipe no nos hizo languidecer inútilmente. Repartía sus caricias de modo equitativo entre Rodolfina y yo. Mi vanidad me decía que a pesar de esa neutralidad aparente, él me prefería con mucho a Rodolfina. Rodolfina le era habitual; yo tenía el atractivo de la novedad y el cambio, cosa que, como sabéis, es la pimienta del placer, tanto para los hombres como para las mujeres. Por otra parte, no ejercité todavía mi venganza. Rodolfina obligó al príncipe a sacrificarle las primicias de su fuerza. El príncipe, para ser justo, se esforzó por compensarme de esa pérdida. Pero de qué serviría contaros esa noche en todos sus detalles; debería repetiros las mismas cosas, lo cual es fatigoso para ambos. Vuestra imaginación, vistas mis confesiones precedentes, es ya capaz de representarse las escenas.

Indudablemente, ser el primer amor de un adolescente sin experiencia tiene un encanto grande, inmenso, para una mujer. ¡Ser su dueña, conducirlo paso a paso, iniciarlo en los dulces secretos del placer y hacerle conocer toda su profundidad! La autoridad que la mujer ejerce entonces sobre el hombre halaga su vanidad. Y las caricias ingenuas y torpes de un joven tienen un encanto particular. Pero la satisfacción sensual más perfecta sólo se disfruta en brazos de un hombre experimentado. Él debe conocer todos los secretos de la voluptuosidad, todos los medios de renovarla y aumentarla. El príncipe era así. Y si pensáis que a ese refinamiento sensual y a la fuerza de su naturaleza física unía la delicadeza más perfecta, que jamás brutalizaba a la mujer que se abandonaba a él, que parecía tener en cuenta siempre sólo el placer de la mujer y que así gozaba doblemente, os haréis una idea de los juegos voluptuosos de esas inolvidables noches.

Al domingo siguiente llegó, como de costumbre, el marido de Rodolfina. Invitaron al príncipe a cenar. En Viena, el príncipe frecuentaba mucho la casa del banquero; pero rara vez se dejaba ver en Baden por la villa de Rodolfina, para no despertar sospechas.

Tras haberme mezclado en su secreto, sólo le había visto de noche. Entonces no conocía contención alguna, queriéndolo espontáneamente el lugar y el fin de nuestros encuentros. A pesar de la fuerza de mi carácter, confieso que no vi al príncipe sin violentos latidos del corazón. Entró en el comedor y creo que un vivo rubor inundó mi frente, a pesar de mis esfuerzos. La conducta del príncipe me calmó pronto y me ayudó a dominarme. Saludó a Rodolfina con toda la familiaridad que permitían sus relaciones con el marido; a mí, en cambio, me saludó con ceremonia y formas. En la mesa, tras los primeros vasos de vino, se animó un poco pero sin salir en ningún momento de su frialdad, que era para él como una segunda naturaleza. Quien nos hubiera observado en aquella mesa no habría podido sospechar las relaciones íntimas que existían entre nosotros. La conducta del príncipe era de una cortesía afable, pero nada más, y de una frialdad aristocrática. El príncipe era verdaderamente extraordinario en su género. Tenía una vasta cultura científica y una experiencia profunda del mundo y de la vida. Jamás perdía su sangre fría; nada le ofuscaba, y era imposible leer sus pensamientos sobre ese rostro tranquilo e impasible. Caballeroso de pies a cabeza, era servicial y reservado, aunque su cualidad más grande fuese la discreción. Había tenido mucho éxito entre las mujeres; conocía sutilmente todas las debilidades del corazón humano. Rara vez hablaba de sus conquistas, y jamás citaba los nombres. El egoísmo frío, que era el rasgo fundamental de su carácter, le permitía romper toda relación que le pesara; pero ninguna mujer pudo quejarse de haber sido traicionada. Podía romper fríamente un corazón de mujer, pero dejaba siempre a salvo su honor. Sin amor y sin necesidad de ternura, el príncipe sólo buscaba el goce. Por eso me era muy preciosa la amistad de ese hombre, a mí, que buscaba también el placer sin querer dar el corazón.

Tomamos el café en el jardín. El príncipe ofreció su brazo a Rodolfina y el banquero me ofreció el suyo. Como ambos hombres se alejaron después un momento por cuestiones de negocios, Rodolfina me expresó cuánto sentía ver interrumpidos nuestros placeres nocturnos por la llegada de su marido.

Si Rodolfina tenía intención de condenarme esa noche a la continencia, no eran tales mis intenciones en absoluto. Tan pronto como llegó el banquero, me decidí a tener al príncipe para mí sola esa noche. No sabía cómo hacerle comprender que, si Rodolfina renunciaba a su visita, yo la esperaba tanto más. El príncipe me susurró al oído que podía esperarlo, a pesar de la presencia del marido de Rodolfina. Bastaba con darle la llave de mi dormitorio. Media hora más tarde la llave estaba entre sus manos.

El príncipe penetró poco después de la medianoche en mi cuarto, y pasé horas encantadoras en sus brazos. Aseguró preferirme en todos los aspectos a Rodolfina. El calor de sus besos y la fuerza enérgica de sus caricias demostraban que no intentaba solamente halagar mi vanidad femenina. El príncipe estaba muy excitado; era insaciable. A pesar de todo el placer que me proporcionó, estaba tan agotada que me dormí apenas salió. Sólo me desperté cuando Rodolfina vino personalmente a llamarme. Con la primera ojeada vi que el príncipe había olvidado su reloj sobre el lavabo. Rodolfina lo había visto también; comprendió inmediatamente con quién había pasado la noche y el motivo de mi sueño profundo. Me reprochó entonces violentamente mi ligereza, que habría podido comprometerla a los ojos de su marido. Le dije con calma que no sabía cómo habría podido comprometerla, pues su marido –que me había hecho la corte– no podía reprocharme el hecho de permitir libre acceso al príncipe. Pero ninguno de mis razonamientos consiguió calmarla. Comprendí que su ánimo no provenía tanto del temor a quedar comprometida como de los celos. Envidiaba las caricias de fuego que yo acababa de gustar, cuando no había podido encontrar compensación en los fríos abrazos de su marido.

Al día siguiente, cuando estuvimos de nuevo juntos los tres, vi también que mis suposiciones eran ciertas. Rodolfina hizo todo lo posible para rebajarme a los ojos del príncipe, intentando tenerlo para ella sola. Yo encontré y ejercité mi venganza cuando Rodolfina tuvo su regla, que, según la ley judía, prohíbe toda relación con el hombre. El príncipe sólo se ocupaba de mí, y en presencia de Rodolfina. Esa circunstancia llevó al colmo sus celos. No amaba al príncipe, pero esa preferencia marcada la hería. Por lo mismo, no me sorprendió nada ver que Rodolfina cambiaba de conducta y se mostraba más fría. Un día, me dijo que asuntos familiares la obligaban a abandonar Baden antes de lo acostumbrado. Así ponía fin a mi relación con el príncipe, pero rompiendo ella también la suya con él, pues no osaba recibirlo en su casa de Viena. Es bien cierto que la envidia, el deseo de suprimir a una rival, nos hace aceptar los más duros sacrificios. Entre damas de alta sociedad nunca se produce una explicación tratándose de esas cosas; y no la hubo entre Rodolfina y yo. Sin embargo, le hice percibir que conocía la razón de su cambio de conducta, y que esa razón era la envidia. Esta observación no contribuyó a reanimar nuestros viejos sentimientos, y tras haber sido inseparables nos dejamos con frialdad apenas contenida. Pero ¿no sucede lo mismo con todas las amistades femeninas?

Volví, pues, con Rodolfina a Viena. Como la visitaba con poca frecuencia, sólo vi al príncipe en contadas ocasiones. Él había intentado aproximárseme y me había suplicado que le permitiera venir a verme; pero hube de negárselo. Me preocupaba demasiado mi honor para arriesgarlo comprometiéndome así. Por otra parte, aunque hubiera querido, me hubiese sido imposible darle una cita como él deseaba. Mi tía me vigilaba muy estrechamente, y aunque hubiese conseguido engañarla, una actriz tiene por su oficio un carácter público; es vigilada por miles de ojos, y la más pequeña imprudencia puede arruinarla. Se concede fácilmente a una artista cierta libertad de formas, pero los mil ojos del público son una coraza bien pesada para su virtud: le es más difícil que a cualquier otra mujer saborear a escondidas ciertos goces.

Fue así como se disolvió nuestra relación. Hasta hoy pienso con placer en el bello y espiritual príncipe; él me enseñó por primera vez no el amor sino la voluptuosidad que una mujer puede sentir en los brazos de un hombre.

¿Necesito deciros que esa ruptura provocada por los celos de Rodolfina me causó el más vivo pesar? Me era bien difícil encontrar un sustituto, y hube de retomar los goces tan restringidos de la mano. Conocéis lo bastante la vida del teatro para saber que no me faltaban admiradores. No hay mujer mejor situada que una actriz para hacer conquistas si lo desea. Desde lo alto del escenario, puede exponer su belleza y su talento ante miles de ojos. Las otras mujeres sólo pueden actuar en el medio muy estrecho de su familia. Además, una actriz célebre satisface la vanidad de los hombres, a quienes gusta verse un poco iluminados por su aureola. No es sorprendente, por tanto, que una artista de éxito se encuentre rodeada por representantes de la aristocracia más rancia y por los *matadores** de la bolsa; incluso el último poeta le proporciona humildemente los primeros ensayos de su musa, la persiguen admiradores de todas las clases esperando todos una mirada, sintiendo todos sed de sus favores.

Pero entre todos esos hombres, ¿cómo encontraría al que necesitaba, el dispuesto a satisfacer todos mis deseos sin arrogarse autoridad alguna? Ese hombre debía ser mi esclavo, debía estar dispuesto a que yo rompiese la relación en cualquier instante, y yo debía poder contar con su discreción. Sólo el azar podía ayudarme a hacer ese descubrimiento, y el azar no me fue de ningún modo favorable.

Tenía un contrato por un año en el teatro de la Puerta Kaertner. Estaba a punto de terminar, y en el momento de la renovación recibí proposiciones ventajosas de Budapest y Frankfurt. Me encanta Viena, la bella ciudad imperial. Hubiese preferido quedarme allí, incluso con remuneraciones menos brillantes. Pero la fortuna de mi padre había periclitado; y aunque llevaba un año sin necesitar su ayuda, la gratitud me obligaba a ayudarlo ahora en la medida de lo posible. Por eso me comprometí a ir a Frankfurt, donde las ofertas eran más ventajosas. Abandoné Viena por un año.

También me despedí de Rodolfina en una visita muy breve. El tiempo y su envidia habían disuelto por completo nuestra amistad, otrora tan grata.

---

* En castellano en el original. *(N. del T.)*

Segunda parte

1

Os sorprenderá mucho, querido amigo, ver hasta qué punto las cartas futuras diferirán de las que os he escrito hasta el presente. El estilo, la concepción, la filosofía de la vida y el punto de vista han cambiado. La temática será también mucho más variada. No penséis, no obstante, que estoy cansada de escribir o que he encontrado confidente para continuar mis memorias. Hubiese sido necesario para eso encontrar a un hombre al que pudiese confiarme, como a vos, sin límite. No es ése el caso. Es preciso conocer íntimamente a los hombres, como he tenido yo la dicha de conoceros, para atreverse a comunicarles todo cuanto pensamos y sentimos. Hasta el presente no he encontrado ninguno, y menos aún entre aquellos a quienes me di corporalmente. El cambio en mi manera de escribir proviene de un cambio de punto de vista al redactar estas memorias. He vuelto a ver todo a medida que lo recordaba, me creo transportada a las mismas situaciones, y no me equivocaré probablemente adaptando mi estilo a cada nueva aventura.

Recuerdo haber visto en el prólogo al *Fausto* de Goethe la siguiente frase, que considero un axioma: «Tan rápido como el paso del bien al mal». Comprenderéis así cómo ha cambiado mi concepción de la voluptuosidad.

Lo comprenderéis aún mejor pensando que han pasado quince meses desde mi última carta.

No quiero aburriros con un largo prefacio. Los prefacios no son entretenidos y no los leo nunca. Voy a los hechos, *stick to the fact,* como dicen los ingleses.

Os decía en mi última carta que acepté el contrato en Frankfurt porque era el más ventajoso. Afortunadamente, sólo me comprometí por dos años. Desde todos los puntos de vista, fueron dos años perdidos.

Cuando llegué a Frankfurt, Alemania no era aún presa de la wagneromanía, porque Wagner era aún desconocido en el mundo musical; sin embargo, nuestro repertorio era del peor gusto. Comenzaba la lucha entre la música alemana y la música italiana. La alemana empezaba a triunfar en Frankfurt.

Una cantante puede amar su patria; puede sentir cariño hacia la lengua, las costumbres y los recuerdos de su infancia, pero sólo tiene una patria: la música. Y yo he preferido siempre la música italiana a todas las otras. Expresa mejor nuestros sentimientos y nuestra alma, habla mejor el lenguaje de nuestro corazón. Es más expresiva, más apasionada, más fundente y más dulce que la música erudita alemana o la música ligera y brillante de Francia. Esta última parece haber sido escrita para danzar la cuadrilla. Las óperas italianas permiten a los cantantes dar de sí todo cuanto son capaces, fueron escritas para ellos. La música alemana, en cambio, es sobre todo instrumental; hemos de sacrificarnos siempre a la orquesta.

Por otra parte, Frankfurt es la ciudad más desagradable que conozco. El tono lo dan la aristocracia del dinero y los judíos. Allí nadie entiende nada de arte. La gente alquila un palco como si fuese a un desfile. Sólo cuenta de las personas su riqueza. Por eso el arte no puede florecer. Y la pasión más violenta se congela en esa ciudad. El amor y los placeres no son una necesidad natural, «un refrescar la vesícula», como dice Shakespeare.

No me faltaban admiradores. Los tenía de las más diversas nacionalidades, pero todos sus ancestros habían pasado el Mar Rojo. Me rodeaban con respeto, cuando tenía yo sed de voluptuosidad. No había uno solo que me pareciera digno de recibir mi amor y el tesoro que yo portaba siempre conmigo. Entre mis colegas había algunos hombres bellos y galantes, pero uno de mis principios es no escoger nunca un actor, un cantante o un músico. Son demasiado indiscretos; arriesga una su honor y a veces su contrato. Yo estaba decidida a conservar el aura de virtud.

¡Si al menos hubiese podido encontrar una mujer o una joven! Me habría entregado entera, como a Margarita. ¡No hubiese ahorrado nada para revelar los dulces misterios del amor! Pero esas personas eran o mojigatas, o inabordables o muy feas. Otras en cambio tenían tal práctica que estaban gastadas. Todas me horrorizaban. Me veía, así pues, reducida a mí misma.

Me decía: ¿y si aprovechara mi estancia forzosa en esta tediosa ciudad para fortificarme y prepararme ante el amor venidero? ¿Sería capaz de hacer eso? ¿Me compensaría la voluptuosidad futura de mi castidad? Quise intentarlo. Se dice que la voluntad humana es lo más fuerte del mundo. Me sometí a esa prueba.

Durante las primeras semanas me costó un trabajo excepcional dominarme. Necesitaba hacer esfuerzos sobrehumanos para impedir que mis dedos se fueran ellos mismos a ese lugar de mi cuerpo. A la larga me fue resultando más fácil. Cuando me agitaban sueños voluptuosos, cuando me aguijoneaba el calor de mi sangre, saltaba de la cama y tomaba un baño frío, o abría un periódico y leía un artículo de política. Nada me refrescaba tanto como una lectura política; en comparación, una ducha fría es un excitante.

Tras dos meses de mortificaciones voluntarias, las tentaciones menos frecuentes. Cuando me sorprendían, no eran tan intensas ni tan largas. Creo que hubiese podido renunciar completamente al amor si hubiese querido. Hubiera sido una locura, y no sé por qué habría de hacerlo. Cabe ser casta para saborear luego una voluptuosidad tanto más fuerte. La castidad es entonces un excitante. Cuando queremos ir a un baile no andamos fatigándonos con largos paseos antes, y cuando nos invitan a una cena suculenta no nos llenamos el estómago previamente. Lo mismo sucede con los placeres del amor.

No obstante, no sé si hubiera podido soportar esa vida durante dos años. Le debo a un divino azar el hecho de haber atravesado esa prueba. Os aseguro que digo la pura verdad. Una de mis colegas, Denise, francesa de nacimiento pero con un dominio perfecto del alemán, era la única cantante con quien podía hablar libremente de todo. Su influencia era tan grande que no temía su indiscreción. Ella lo había conocido todo, tenía una experiencia inmensa, pero estaba demasiado gastada para sentir el cosquilleo sexual. No era demasiado mayor ni demasiado fea para no encontrar caballeros para el amor. Y si se dejaba cortejar por éste o aquél era para esquilmarlos, como se acostumbra en París.

Algunos, a quienes su raro gusto empujaba hacia Denise, se habían dirigido a mí para que les sirviese de intermediario, y yo fui lo bastante amable como para presentar sus súplicas amorosas. Así empezó nuestra amistad.

–He perdido toda gana de gozar, pero no porque esté agotada sino por asco –decía ella–. Cuando pensamos o leemos hasta dónde puede llevar esa especie de goce, las ganas desaparecen. El agua es fresca, luego tibia y por último hirviente. Nos hundimos en lodazales, para acabar desapareciendo en cloacas llenas de gusanos inmundos. Pronto lo aprenderéis si os aventuráis por esa vía. Yo estuve casada con el mayor libertino que imaginarse pueda. Sus excesos lo mataron. Era una enfermedad terrible. Muchos males le corroían mientras estaba aún con vida. Murió por tuberculosis de la médula espinal. Padecía además sífilis. Su cuerpo no era sino una inmensa plaga, y perdió la vista. Aún no tenía treinta años. Yo le adoraba, estaba desesperada de haberlo perdido. Todas esas enfermedades se lo llevaron al galope. Él iba todos los días al Bois de Boulogne, pero en menos de seis meses le fue imposible moverse. Yo lo cuidaba con una de mis amigas; era preciso atenderle como a un niño de pecho. ¿Sabéis a qué debió un fin tan espantoso? A un ser infame que se decía mi amigo y que puso en sus manos el libro más terrible de cuantos se han escrito: *Justine y Juliette, o las desventuras de la virtud y las prosperidades del vicio*, del Marqués de Sade. Se dice que el autor se volvió loco a consecuencia de sus excesos, y que murió en un hospicio para alienados. El señor Duvalin, el amigo de mi marido, sostenía que el Marqués de Sade no se había vuelto loco, y que se había recluido en un claustro, en

Noisy-le-Sec, en los alrededores de París, para celebrar orgías con los jesuitas. Cuando yo colmaba a Duvalin de reproches, cuando le acusaba de ser el asesino de mi marido, se encogía de hombros y me decía que su intención no había sido perder a mi marido; que, al contrario, había querido ponerle en guardia contra sus malas inclinaciones. Nada podía él si su remedio no había surtido efecto. "Qué queréis, señora" me decía; "yo también he sido torturado por el demonio de la carne; la lectura de ese libro que ha matado a vuestro marido me ha curado de todo deseo natural. No digo que me haya convertido en un asceta, pero ya no pertenezco al tropel de los cerdos de Epicuro, que han hecho del amor sexual una cloaca. El asco me desintoxicó; el lodo le atrajo. ¿Quién es culpable?" Mi desesperación me llevaba al suicidio. Quería hacerlo con refinamiento, porque soy muy fantasiosa. Durante nuestra unión, mi marido había agotado toda especie de goce animal disfrutable con una mujer sola. Cuando abrí por primera vez el libro del Marqués de Sade, ilustrado con cien aguafuertes, pude ver que había ensayado ciertas escenas conmigo. Mis pensamientos deliraban, quería conocerlo todo, abandonarme a todos los excesos contenidos en ese libro y morir de ello, como mi marido. Así suben a la pira funeraria las mujeres indias tras la muerte de sus esposos, y se dejan consumir en vida.

»Mi amor era ilimitado. La muerte que yo elegía había sido la suya. Os aseguro que era mucho más torturante que la muerte por el fuego. Yo quería estudiar la teoría de la voluptuosidad animal, y aplicarla luego en la práctica. Mi marido me había regalado algunas obras que trataban el tema, como *Las memorias de Fanny Hill;* las

Pequeñas locuras de juventud, la *Historia de Dom Bougre,* el *Estudio de amor y de Venus,* las *Joyas indiscretas,* la *Virgen* de Voltaire y las *Aventuras de uno de Caux.*

»Él nunca me había leído antes una parte para poder disponernos ambos al placer. Mi marido nunca dejaba de alcanzar su meta, y me encontraba siempre dispuesta a hacer todas las porquerías que deseaba. Pero nunca me había mostrado el libro del Marqués de Sade, que él creía muy peligroso. Tras su muerte, lo descubrí en el fondo de un armario con doble fondo. Me puse a leerlo. Mi impaciencia me empujaba a interpretar el sentido de las ilustraciones. Leí primero las escenas más insoportables: por ejemplo, la tortura de las mujeres, la aventura en el monte Etna, las flagelaciones, las violaciones de adolescentes, las escenas en Roma, aquélla donde el Marqués de Sade se lanza vestido con una piel de pantera sobre mujeres y niños desnudos y mata a un chiquillo a mordiscos; en fin, la descripción de las orgías donde dos mujeres son guillotinadas, las bestialidades, etc.

»Ahora comenzaba a comprender a Duvalin. Este libro podía tener una doble influencia según el temperamento del lector o de la lectora, de acuerdo con su sensibilidad o su espíritu. Duvalin estaba hastiado; yo era presa del asco. Me costaba tanto esfuerzo continuar esa lectura que estaba ya insensible antes de pasar a la próxima. Podía acariciarme lo que quisiera, pero cuando retiraba el dedo la sensación era insípida, vacía. El deseo había muerto, y jamás me toqué allí en lo sucesivo. Estaba radicalmente curada de todo apetito voluptuoso que pudiera existir en el cuerpo humano. Comenzaba a comprender el estado de ánimo de los castrados masculinos.

Denise me contó muchas más cosas sobre ese tema. Ella me creía completamente inexperimentada en la práctica. Sospechaba que yo conocía el alivio manual o el placer que puede proporcionar el consolador, o incluso el abrazo entre personas de mi sexo; pero pensaba que yo ignoraba completamente al hombre. Me preguntó si había leído alguno de los libros mencionados. Y a la vista de mi respuesta negativa me aconsejó comenzar inmediatamente por *Justine y Juliette*.

–Ciertos médicos pretenden –contó ella– que el alcanfor tiene la virtud de apagar el cosquilleo sexual de la mujer. No sé si es verdad. Pero el libro de Sade asfixió durante meses todo pensamiento, todo deseo de voluptuosidad y de exceso. ¡Qué imaginación! ¿Es posible que pasen tales cosas? Los hombres son allí tigres y hienas; las mujeres, boas y cocodrilos. Lo que menos se encuentra es sexualidad natural. Las mujeres hacen el amor con las mujeres, los hombres con los muchachos y los animales. ¡Es horrible! Me preguntaba si alguna vez se sació de voluptuosidad; me asusta el hombre que recurre a tales excitaciones, que desea cuerpos torturados, calcinados, desgarrados, en vez de bellos cuerpos blancos. ¿Había llevado realmente una vida tal, o era el exceso de imaginación lo que le hacía escribir esas cosas? En cierto lugar dice que ésas eran las costumbres de los caballeros en su tiempo, y que acontecían escenas semejantes en el Parque de los Ciervos.

»Habla de la voluptuosidad de ver morir a los hombres. La famosa marquesa de Brinvilliers desnudaba a sus víctimas y se deleitaba con los sobresaltos y las contorsiones de los cuerpos desnudos de esos desgraciados.

Todo el tiempo que duró esta lectura, durante varios meses, no soñé ni una sola vez siquiera con renovar lo que había hecho con Margarita y con Rodolfina. Necesitaba mucho tiempo para leer diez volúmenes de trescientas páginas, cuando no podía consagrar todos mis ocios a la lectura; necesitaba estudiar nuevas partituras; todos los días había ensayos o representaciones; recibía y hacía muchas visitas; estaba invitada a bailes, a veladas, a fiestas en el campo, etc., etc. Además, no conocía el francés lo bastante como para comprender exactamente lo que Sade escribía; se me escapaban muchas palabras, que no estaban en ningún diccionario.

Así me pasé dos años; viviendo como una santa Magdalena, que, por cierto, tuvo una juventud bastante agitada y tormentosa.

A finales del segundo año recibí muchas ofertas de contrato de diferentes teatros para Alemania, Austria y Hungría. Estaba indecisa cuando llegó el señor de R..., gran diletante de la música, hombre muy amable, muy guapo y muy rico. Me hizo la corte inmediatamente y me prometió una renta mucho más considerable que la del intendente teatral. Aceptando, me habría deshonrado a mis propios ojos. Me repugnaba vender mis favores a Mammón, por lo que rechacé sus ofertas.

El otro señor era el sobrino del intendente, un joven con apenas diecinueve años, bello, tímido, vergonzoso como un muchacho campesino. Apenas osaba mirarme, y cuando le hablaba enrojecía como una peonía. El barón de O... decía mucho en su favor; que era un genio y que haría un gran papel en su patria. Verdaderamente, valía la pena recibir las primicias de tal hombre. Si alguien ignoró alguna vez la teoría y la práctica de los dulces secretos de Citera, fue sin duda el joven Arpad de H..., hijo de la hermana del intendente húngaro.

Esos señores sólo permanecían dos días en Frankfurt; iban a Londres y París para contratar ciertas óperas de moda. El señor de R... me presionaba para que aceptase, el barón de O... unía sus súplicas a las del intendente, y yo leía en los ojos de Arpad el mismo deseo. Esa mirada me decidió, y acepté. El intendente hizo aparecer enseguida un contrato con copia de su bolsillo, me lo leyó entero y lo firmé. Me comprometía a actuar en Budapest tan pronto como concluyera mi contrato en Frankfurt. Pero se me autorizaba a dar seis representaciones de gala en Viena. Debutaba justamente en la temporada baja.

Dejé Frankfurt en el mes de julio. Antes de ir a Frankfurt me hice fotografiar por Angerer. Ahora ya no me parecía nada a ese retrato. Mis rasgos estaban más acentuados, pero aparentaba mucho más joven de lo que era en realidad. Médicos, hombres y mujeres de mis amigos se han repetido a menudo que estaba poco desarrollada para mi edad. Recuerdo muy bien el aspecto que tenía mi madre cuando la sorprendí en la cama, el día del aniversario de mi padre. ¡Qué diferencia entre ella y yo! Mis muslos no eran entonces tan fuertes y carnosos como sus brazos. En ella ni se sospechaba el hueso, pero en mí brotaba por todas partes (espalda, clavículas, caderas); era posible incluso contar mis costillas. Pero tras dos años de llevar una vida de vestal, había entrado en carnes. Los muslos y las dos esferas de Venus, que son el principal orgullo de las mujeres, se habían redondeado; mi carne era dura pero elástica; no podía contemplarme en el espejo de cuerpo entero. Me hubiese gustado entonces ser tan flexible como un hombre serpiente, para poder enroscarme y besar esos bellos globos.

Las escenas de flagelación del libro de Sade me habían picado la curiosidad; me interesaba conocer la voluptuosidad que podemos sentir flagelándonos el trasero. Un día cogí una varita de sauce, me desnudé y me puse ante el espejo, para probar. El primer golpe me hizo tanto daño que cesé inmediatamente. No conocía aún el arte de esa voluptuosidad; no sabía que era necesario comenzar por golpes tan ligeros como los administrados por las masajistas en los baños turcos, y que sólo en el momento de la crisis podemos fustigar con todo el vigor del brazo. Pasaron muchos años antes de que yo conociese esa voluptuosidad. Si el dolor no me hubiera desanimado, habría vuelto a entregarme al juego de mis dedos, a pesar de mis firmes principios de castidad. Por otra parte, cada vez que tomaba un baño –lo que acontecía de tres a cuatro veces por día en el verano– estaba a punto de ceder a las tentaciones de la carne. Quizá no lo creáis, pero era el libro de Denise lo que me refrescaba.

A mi paso por Viena todas mis amistades se asombraron mucho del cambio físico producido en mí. Había citado a mi madre. Ella debía asistir a mi triunfo. Al verme me abrazó diciendo: «¡Querida hija, qué guapa estás y qué buen aspecto!».

Volví a ver una vez a Rodolfina en casa Dommaier, en Hilzig. Posó la mirada en mí durante algunos segundos, y luego me dijo que no me había reconocido de entrada. También ella había cambiado, pero no para mejor. Suplía el rosa de sus mejillas con maquillaje, pero no lograba ocultar sus ojeras azuladas.

–¿Renunciaste a los placeres del amor después de abandonar Viena? –me preguntó–. Eso es imposible, porque quien ha bebido de esa ambrosía no puede abandonarla más. ¡Pero hay naturalezas que florecen con los placeres del amor en vez de ajarse, y tú perteneces a ese tipo!

Vanamente afirmé que hacía dos años que llevaba una vida de reclusa, y que me iba cada vez mejor. No quería creerme; decía que era absurdo.

–¿Qué podía haber encontrado yo en Frankfurt? –le dije–. ¿Los corredores de Bolsa? Son los antídotos del amor, carecen de galantería. Es indigno de una mujer darse a un hombre que no llene un poco su corazón. Nada me horroriza tanto como Mesalina, que sólo buscaba la voluptuosidad animal.

Rodolfina enrojeció bajo su maquillaje; probablemente había dado en el blanco sin proponérmelo. No hablamos mucho tiempo. Observé que dos caballeros nos examinaban a través de unos gemelos de teatro; uno saludó a Rodolfina, mientras yo desaparecía por otra puerta.

Durante esos quince días de permanencia en Viena supe que Rodolfina pasaba por una de las mujeres más coquetas de esa sociedad. Sus amantes se contaban por docenas. Los dos caballeros que viera en Hilzig formaban parte de esa corte. Eran secretarios de la embajada brasileña y los mayores libertinos de Viena. Rodolfina me presentó incluso a uno de ellos, el conde de A... Ya no era celosa; al contrario, cedía con gusto sus amantes a las amigas. Me confesó que eso le daba casi tanto placer como asistir a los goces sensuales de los otros. Yo pensaba en las escenas de *Justine,* donde aparecen cosas semejantes.

Visité a Rodolfina por educación. La encontré sola; eran cerca de las tres y media. Ella me enseñó fotografías que acababa de recibir de París. Eran escenas eróticas con hombres y mujeres desnudos. Las más interesantes eran las de la señora Dudevant, que Alfred de Musset hacía circular entre sus amigos.

Había sobre todo seis que eran singularmente obscenas. La célebre literata iniciaba a mujeres y adolescentes en los misterios del servicio sáfico. En una de aquellas imágenes hacía el amor con un gigantesco gorila; en otra con un perro de Terranova; en otra con un garañón sujeto por dos muchachas. Está arrodillada, y sus muslos se muestran en todo su esplendor; por debajo se abre de par en par y con voluptuosidad la gruta para permitir la entrada de la terrible lanza del garañón, que empuja con esfuerzo. No puedo creer que una mujer soporte tal cosa; el dolor debe de sobrepasar con mucho a la voluptuosidad.

Rodolfina me contó la historia de esas imágenes. Quizá no la conozcáis, y la creo interesante.

George Sand vivió muy íntimamente durante muchos años con Alfred de Musset. Viajaron juntos a Italia. En Roma, tras una terrible escena de celos, rompieron definitivamente. Musset era muy discreto y respetaba más a su amante que a su mujer. En cambio, George Sand contaba por doquier que había dejado al poeta por su debilidad en los torneos de amor, porque era completamente impotente. Alfred de Musset fue informado de esas falsedades y se sintió herido en su vanidad, porque perdía así su ventaja sobre todas las mujeres. Quiso vengarse e hizo hacer esas fotografías, a las que había añadido un texto escandaloso en versos. Esas imágenes se difundían en fotografía, porque ningún impresor quiso hacerse cargo.

Me alegraba mucho haberme reconciliado con Rodolfina; pero sus visitas me molestaban, porque ella tenía mala reputación. Estaba impaciente por ir a Budapest, y no perdí un solo día al acabar mis actuaciones.

Llegué durante la gran feria anual, la semana más animada de la temporada baja. La feria dura unos quince días; se la llama mercado de San Juan o mercado de los melones, porque el mercado está entonces lleno de esos suculentos frutos.

Yo me había procurado un vocabulario húngaro-alemán y un manual de la lengua magiar. En cuanto llegué a Budapest envié mi tarjeta al señor de R... Él fue lo bastante amable como para visitarme al momento. Lo acompañaba su sobrino Arpad. Los ojos del adolescente brillaron al verme.

Me sorprendió mucho ver que ambos caballeros entraron vestidos con el traje húngaro. Más tarde supe que el traje nacional estaba de moda. El señor de R... me aconsejó usarlo también. El fanatismo era tan vivo que algunos hombres y mujeres opuestos a esta moda habían sido insultados por jóvenes. Como miembro del teatro nacional, se me exigiría su uso muy particularmente. Me pareció abusivo. No se decía una palabra de ello en mi contrato. Pero como el traje me sentaba de maravilla, lo adopté. Estaba mucho más guapa que con mi ropa de ciudad. Me hice varios trajes, que llevaba preferentemente.

El señor de R... me preguntó si quería cantar en italiano o en alemán. Observé que quería hacerme una pregunta más. Le respondí que haría todo lo posible por aprender el suficiente húngaro como para cantar en esa lengua. Como en las óperas sólo se habla raramente, y los asistentes no comprenden jamás el texto cantado, pensé que no me sería demasiado difícil. Añadí que tomaría lecciones.

El señor de R... me recomendó a una señora del teatro que hablaba bien alemán y daba lecciones.

En Hungría es costumbre agasajar a los visitantes a cualquier hora del día. En general, la comida es una de las principales ocupaciones para los húngaros. Son grandes sibaritas. Pedí por eso a ambos caballeros que tomasen una pequeña colación. El señor de R... se excusó diciendo que tenía mucho trabajo y se levantó para partir. «Si tienes ganas de quedarte», dijo a su sobrino, «te permito aceptar la invitación de la señorita. Luego podrás enseñarle la ciudad y servirle de cicerone. ¿Vendréis vos al teatro?», dijo dirigiéndose a mí. «Dan una tragedia y os aburriréis, por no comprender todavía nuestra lengua. Haced según vuestro entender. Hablaremos otra vez mañana.»

Me encantaba estar sola con Arpad. Había decidido enseñarle el amor y plegarle enseguida a mis caprichos.

2

Había decidido hacer mío a Arpad, pero aún no sabía cómo. No me habría sido difícil seducirlo, pero debía tomar en cuenta muchas cosas, y sólo vi el peligro cuando el señor de R... nos dejó solos. Arpad era tan joven. Comprendí que, si le permitía la entrada al bien más alto que un hombre puede desear y conceder a una mujer, no sería posible ya retenerle. Pero yo percibía claramente que ese joven no se asemejaba a mi acompañante, a Franz, a quien podía decir hasta aquí y no más lejos, siendo como era un hombre hecho a la servidumbre y a la obediencia, tan bien educado como el chucho de mi tía. Podía sobrevenir una desgracia muy pronto. Arriesgaba todo dando ese paso en falso al comienzo de mi nuevo compromiso. Además, no conocía lo bastante a Arpad, no estaba segura de su discreción.

Los jóvenes se jactan fácilmente de sus conquistas. Y si no es así, se traicionan fácilmente por una palabra o una mirada desconsiderada. Además, podían sorprendernos.

No habría dudado tanto si hubiera conocido a los húngaros y a las húngaras como los conozco ahora. Venía de Frankfurt, donde se juzga muy severamente la conducta de una mujer. Mi corazón latía con tal fuerza cuando el señor de R... me dejó completamente sola con su sobrino que apenas podía hablar. Me había enamorado, ahora lo sabía. ¡Ay!, si sólo hubiese podido comunicarle los sentimientos que me agitaban. No era codicia; era lo que había leído, el amor etéreo. Hubiese podido pasar horas a su lado, contemplándole, escuchando el sonido de su voz, y habría sido inefablemente feliz.

Pero no quiero describiros mis sentimientos, me falta fuerza. Mi pluma no es lo bastante hábil; jamás he pretendido poseer un estilo propio. Conozco sólo lo imprescindible de gramática y ortografía. La sintaxis y la retórica brillan ante mis ojos como fata morgana que jamás logré alcanzar. Cuando el señor de R... se hubo alejado, el mayordomo del Hotel de la Reina de Inglaterra, donde me había instalado, trajo la colación pedida, compuesta de café, nata, helados, tarta de nueces, fruta –melones sobre todo– y un ponche helado. Sólo nos traía refrescos. Arpad se sentó a mi lado. Como hacía mucho calor, me quité la pañoleta de seda que me cubría la nuca y la garganta. Arpad tenía el espectáculo de mis dos colinas de leche. Al comienzo sólo las miraba con el rabillo del ojo, pero cuando vio que le permitía ese placer se inclinó un poco hacia mí y sus ojos quedaron allí clavados. Sufría, su voz temblaba. Al tenderle un vaso de café helado le rocé la mano y nuestros dedos se unieron un segundo. Sentía venir el instante de mi derrota y me defendía débilmente. Un pequeño escalofrío recorría mi cuerpo, me puse soñadora, nuestra conversación cesó bruscamente. Me tumbé en el canapé, cerrados los ojos, turbado el espíritu, pensando que me desmayaría. Debí de cambiar de color, porque Arpad me preguntó con inquietud si me encontraba mal. Me recompuse y se lo agradecí con un apretón de manos prolongado. Le abandoné mi mano izquierda, que él cubrió de besos. Su rostro estaba muy colorado. Creí que iban a saltar todos los botones de su traje, de tanto como se le hinchaba el pecho.

¿Acaso iban a durar esos preliminares largo tiempo? Él era demasiado tímido para aprovechar todas esas ventajas. Un libertino no habría dejado pasar la ocasión, pero ¿me habría llevado a tal estado un libertino? Yo habría usado todos mis medios para ocultarle mis sentimientos. La situación se hacía penosa. Recordé a Arpad que su tío le había recomendado enseñarme la ciudad. Llamé y pedí que me buscasen un coche de plaza.

«El coche del barón de O... está abajo», me respondió el criado. «Está a su disposición.» Fue un gesto galante. Aún no había visto al barón y se me había olvidado remitirle mi tarjeta. Decidí enviársela al momento. Fuimos, pero el barón no estaba en su casa. Llevamos nuestro paseo hasta Ofen. Luego volvimos sobre nuestros pasos hasta llegar a un pequeño bosque de la ciudad, una especie de parque de muy mal gusto, donde había un pequeño lago y barcas. Pregunté a Arpad si estábamos muy alejados del Hotel de la Reina de Inglaterra. Él me respondió que había una hora corta de marcha.

–Diré al cochero que se vuelva, y nosotros pasearemos; ¿no estaréis demasiado cansada? –me preguntó.

–Aunque durase hasta mañana por la mañana no me cansaría nada.

Él sonrió, pensando en otro cansancio.

Los de Pest sólo visitan ese parque durante el día, y vuelven a la ciudad tan pronto como el sol desaparece.

Yo no quería volver, porque Budapest es la ciudad más polvorienta que se pueda concebir. Todo el campo circundante es sólo un inmenso desierto de arena; cada golpe de viento eleva allí nubes de polvo, como en Bulgaria o en África. Me hacía feliz estar al abrigo, pasearme por la hierba. Íbamos de isla en isla pasando por puentes colgantes. Yo me sujetaba del brazo de Arpad. Me llevó a un restaurante todavía abierto. Pregunté hasta qué hora estaba abierto, y me dijeron que cerraba a las nueve de la noche para volver a abrir a las cuatro de la mañana. Arpad me instaba a volver pronto, porque ese bosque no era seguro de noche; habían asesinado a alguien allí hacía poco.

–¿Pero vos no tenéis miedo, querido Arpad? –le dije.

Nos llamábamos ya por nuestros nombres de pila. Nuestra familiaridad había hecho ya inmensos progresos. Yo lo había obligado a hacerme algunas confesiones. Juraba por las estrellas y por las profundidades del cielo que me amaba hasta la muerte. Se había enamorado en Frankfurt. Su imaginación era ardiente y poética, como la de todos los jóvenes. Apretaba y besaba mis manos. Llegados a una isla, cayó a mis rodillas; me dijo que adoraba la tierra que pisaba, y me suplicó que le permitiera besarme los pies. Me incliné hacia él; le besé la frente, el pelo, los ojos. Él me tomó por el talle y hundió su cabeza –¿no lo adivináis?– en los alrededores de ese punto que todos los hombres desean, aunque estuviese celosamente velado de muselina, escondido por mis enaguas y mi combinación. Arpad parecía ebrio. Tomó mi mano derecha y la apretó contra su corazón. Ese corazón galopaba y batía con tanta fuerza como el mío. Mi rodilla derecha tropezó con sus piernas y tocó algo duro que, por el hecho mismo de ser tocado, se hizo aún mayor y más duro. Creí que su pantalón iba a estallar. Eran las once y estábamos todavía en la isla, abrazados estrechamente. Mis piernas estaban sobre sus rodillas. Al fin se atrevió a levantarme el bajo del vestido. Primero jugó con los cordones de mis botines, luego subió un poco más arriba, hasta la liga; su mano alcanzó por último mis muslos desnudos. Esa primera caricia me puso ya fuera de mí. Nuestras bocas se habían unido, yo le chupaba los labios y mi lengua penetraba entre sus dientes hasta su lengua. Parecía querer tragarla, de tanto como la aspiraba.

No sé cómo, pero de repente tuve su cetro entre las manos. Lo apretaba como para romperlo. Su mano derecha había alcanzado igualmente mi hendidura, que estaba húmeda. Su toqueteo me volvía loca. No le guiaba la experiencia, sino el instinto. Me confesó más tarde que ignoraba hasta ese momento la diferencia entre el carcaj y la flecha de amor. El pulgar y el índice jugaban en lo alto con mi botón, mientras que los otros tres dedos, dirigidos hacia abajo, habían encontrado la entrada abierta de par en par. El interior ardía, como lleno de lava hirviente. Me sentía desvanecer, el cosquilleo era demasiado fuerte. Bajé los ojos y percibí su soberbia verga hinchada y doblándose como el cuerno de un toro. No la había tocado aún y la cabeza estaba al descubierto, púrpura y orgullosa. La sentí temblar, y una descarga eléctrica me llenó la palma de la mano cuando toqué el canal de la fuente vital. La savia lechosa brotó como un chorro de agua, tenía la boca abierta y recibí todo lo que vertían los riñones. Al mismo tiempo sentí que mi fuente desbordaba. Él tenía las manos llenas de líquido, se las llevó a la boca y sorbió todo cuanto contenían; Arpad se chupaba las manos y se pasaba al lengua por los dedos. Como os dije, nadie le había enseñado esas cosas; sólo la naturaleza le dirigía, y él seguía sus inspiraciones.

No se ablandó tras esa doble efusión. Al igual que yo, deseaba otros placeres. Pensamos ambos cómo hacerlo. Mi razón había aparecido para decirme que me esperaba el deshonor, que iba a quedar encinta, que daría a luz y moriría; e incluso aunque otros hubieran venido para rodearnos y reírse de nosotros, habría continuado ese juego de amor, les hubiera gritado mi dicha y no habría sentido vergüenza alguna. Era esclava de mis deseos, estaba completamente sometida.

El éxtasis duró algunos minutos. Tras la eyaculación recíproca del néctar, mis fuegos se volvían más ardientes por segundos. Y él estaba en el mismo estado. Los ojos se me iban de su rostro a su orgullosa espuela y de ésta al paisaje inanimado; erraban sobre la superficie de las aguas, apenas interrumpida por algunas raras plantas. La luna se reflejaba en el agua, que se abría aquí y allá cuando saltaba un pececillo. Hubiese querido bañarme con Arpad, tomar un baño de frescura y voluptuosidad. Era buena nadadora. Había tomado lecciones de natación en Frankfurt y habría podido atravesar el Main o el Danubio a nado.

Arpad adivinó mi pensamiento. Me susurró al oído:

–¿Quieres bañarte conmigo en ese estanque? No hay peligro alguno. Hace mucho tiempo que duermen los del restaurante. No hay nadie.

–Pero me dijiste que este bosque es poco seguro, que acaban de asesinar a alguien. Si no es así, con gusto.

–No tengas miedo, ángel querido. Este lugar es el más seguro. El sitio peligroso está más cerca de la ciudad, en la alameda de plátanos que lleva a la Königstrasse, entre las villas.

–Pero ¿qué dirán en el hotel si volvemos tan tarde?

–El hotel está abierto toda la noche. El portero duerme en su alojamiento. Conoces el número de tu cuarto. Seguramente la doncella ha dejado la llave sobre la puerta. Además, una excusa se encuentra deprisa. Yo mismo tomo a menudo un cuarto en ese hotel, cuando no quiero despertar al conserje de mi tío. Cojo la primera llave y estoy como en casa. Tu vecino se ha ido hoy, y el cuarto de al lado está vacío. Me alojaré allí.

–Hagámoslo, ya que me tranquilizas. Ayúdame a desvestirme.

Él se quitó enseguida su gorra húngara, su casaca de cuero con pasadores y la camisa, y me ayudó a desatar mi corsé. En menos de tres minutos estábamos los dos desnudos al claro de luna.

Arpad no había visto nunca a una mujer. Temblaba con todo el cuerpo. Se arrodilló ante mí y se puso a besar cada parte de mi cuerpo, de arriba abajo, por delante y por detrás. Chupaba la pequeña punta de mis senos, besaba el templo de las voluptuosidades, pasaba su lengua entre los grandes labios y me acariciaba todo lo profundo que podía penetrar. Al final me escapé de él y salté al agua. Me puse a nadar con vigor. Arpad sólo nadaba con una mano. Con la otra me estrechaba. A veces se sumergía. Su cabeza de pelo rizado resbalaba sobre mis senos, sobre mi vientre, y acariciaba tanto con los dedos como con la lengua el centro de las voluptuosidades. Pronto hicimos pie. El agua era menos profunda. Nuestros deseos nos lanzaron a un abrazo recíproco, y yo recibí, resignada, al dispensador de júbilos que es a veces un gran destructor. No pensé un solo instante en las posibles consecuencias de mi abandono. Si hubiese visto un puñal entre sus manos, habría ofrecido mi pecho a sus golpes. Como él era inexperto, la crisis llegó antes de que hubiese metido su bastón; su cuerno de la abundancia se vació, la savia preciosa resbalaba a lo largo de mis muslos. Pero no por ello perdió coraje. Me apretó más fuerte. Jadeaba, sus dedos se crispaban sobre mi carne. Su instrumento sólo pendió un instante; pronto se levantó, y yo lo sentía crecer, endurecerse y tornarse ardiente. De repente, de un solo impulso enérgico, lo hundió hasta el fondo. Hubiese sido doloroso, si no hubiese sido tan exquisito.

Ahora estaba segura de quedar encinta. El más voluptuoso de los escalofríos recorría mis miembros. Lo sentía sobre todo en las nalgas y, más abajo, en los dedos de los pies. Mis exclusas se abrieron de par en par y brotaron oleadas tan impetuosas que él creyó –según confesó posteriormente– que se trataba de otra cosa. Ese pensamiento excitó en él el mismo canal y me sentí penetrada por un chorro ardiente que no quería terminar. No se trataba sin duda del vaciamiento de los riñones, porque después de la última gota continuó devastando mi interior, cuando mi fuente estaba ya agotada. Estábamos apretados uno contra el otro, incapaces de decir una palabra, sin pensamiento, abismados en un pesado sueño de amor. Hubiese querido quedarme así toda una eternidad, hasta la muerte.

El viento nos traía las campanadas de la iglesia de Santa Teresa. Daban la medianoche. Dije a Arpad que era hora de volver a la ciudad, que podríamos recomenzar nuestros juegos en el hotel. Me obedeció inmediatamente. Me suplicó que le permitiera llevarme en sus brazos, como a un niño, hasta el borde. Unió los brazos bajo mi trasero, yo anudé los míos en torno a su cuello y me llevó hasta el banco donde estaba nuestra ropa. Me puse enseguida las medias, y él me ató mis botines besando continuamente mis rodillas y mis pantorrillas. Cuando estuvimos listos nos dirigimos a la glorieta. A la salida del bosque estaba estacionado un carruaje. El cochero estaba en su lugar. Arpad le pidió que nos llevase inmediatamente a la ciudad, a cambio de una buena propina. Le indicó la plaza de San José. Quería ocultar al cochero quién era yo y dónde vivía. Yo también me había vuelto prudente y me había bajado el velo. Por un florín el cochero aceptó. Nos subimos al carruaje, que partió a galope. El cochero debía estar de vuelta poco después de la medianoche; había llevado allí a gente joven y no estaba libre.

Nos bajamos en la plaza de San José. Ya no estaba muy lejos el Hotel de la Reina de Inglaterra. Entré primero. Él fue a buscar las llaves y le esperé ante mi puerta. Al cabo de unos minutos me trajo la llave. El portero dormía. Nadie nos había visto entrar.

Estaba agotada. Tenía las piernas destrozadas tras nuestra liza amorosa. Quería ir a dormir. Me acosté inmediatamente. Arpad también parecía fatigado. Su fuente había brotado tres veces. Le aconsejé reponer fuerzas e irse a acostar. Él se hubiera quedado de buena gana, pero tuvo la delicadeza de dejarme, tras besarme una vez más con pasión.

No quiero relataros todas nuestras luchas de amor. Me vería forzada a repetirme y a plagiarme a mí misma en esa conquista del reino de Citera. Os aburriría. Arpad me confesó que había comprado en Frankfurt en una librería las *Memorias del señor de H...*, y que allí había aprendido la teoría de los placeres del amor. Me dijo también que había estado muchas veces a punto de llevar sus primicias a una cortesana; y que sólo le retuvo el temor a una infección. Estaba muy contento de que yo hubiese venido a Hungría.

La primera noche descuidé todas las medidas de precaución empleadas habitualmente. Para lo sucesivo recurrí de nuevo a esas medidas de prudencia. Quería prevenir toda sorpresa. A veces las descuidaba un poco, pero a pesar de ello nuestras relaciones no tuvieron ninguna consecuencia funesta. Sabréis explicar ese fenómeno siendo médico como sois.

Mi dicha no duró mucho. En el mes de octubre Arpad recibió un empleo lejos de Budapest y hubo de partir. Su familia vivía allí, y su padre era un hombre tan severo que Arpad no osó oponerse a su voluntad.

En el mes de septiembre había alquilado un apartamento en la calle Hatvner, en casa de los Horvat. No guisaba, sino que me hacía traer las comidas del casino, cosa mucho más ventajosa para mí. No necesitaba invitar a mis colegas a cenas, como hubiera debido hacer si hubiese tenido cocina, porque los húngaros son muy hospitalarios. Los actores, los cantantes, las actrices y las cantantes se invitaban y parasitaban recíprocamente.

Tomé una profesora de húngaro, una actriz que me recomendó el barón de O... Él me aconsejó no contratar los servicios de la profesora que me había recomendado el señor de R..., porque tenía mala reputación en la ciudad.

La señorita de B..., mi profesora de húngaro, fue muy bella en su juventud y había tenido una vida bastante agitada. Su marido era un borracho y ella estaba divorciada. Hablaba muy bien el alemán, y sólo aprendió el húngaro para entrar en el teatro. Su padre había sido funcionario, y ella recibió una educación muy buena. Me elogió diciéndome que nunca había visto una persona con tanta facilidad para el húngaro como yo.

Pronto fuimos amigas como si hubiésemos tenido la misma edad. Ella no ocultaba sus aventuras, y a menudo me las contaba. El número de sus amantes era bastante restringido; pero conocía todos los matices del goce sexual tan bien como Mesalina. Yo no podía ocultar mi estupor.

–Es que –me contó ella– he tenido amigos a quienes no les molestaba hacer ante mí todas las porquerías; así aprendí todo eso, asistiendo sin tomar parte nunca. La señorita de L..., que el señor de R... os recomendó como profesora de húngaro, ha sido la más disoluta de todas durante su juventud. Lo seguiría siendo, si no fuese tan vieja. Sin embargo, sigue teniendo dos o tres hombres que le hacen el servicio de amor. He oído hablar de Mesalina, de Agripina, de Cleopatra y de otras mujeres disolutas. No podría creer en esas historias si no hubiese conocido a la L... Deberíais conocerla. Conoce a todas las celestinas de Budapest y tiene relaciones con todas las prostitutas. Por ella podríais conocer cosas que habitualmente ignoran la mayoría de las mujeres.

Debo haceros observar que yo había hablado a la señorita B... del libro del Marqués de Sade, y que le había mostrado las ilustraciones. No las había visto nunca, pero me dijo que la señorita de L... debía de conocerlas. En realidad, la había visto ejecutándolas en la práctica.

–¿Qué arriesgáis viendo esas cosas? –continuó ella–. Nadie lo sabrá. Debo deciros que Anna (nombre de pila de la señorita de L...) es la discreción personificada. Se goza ligeramente presenciando esos espectáculos. Permiten conocer a los hombres en sus paños menores morales. ¡Cuántas de las primeras damas de Budapest se entregan a excesos peores que los de las prostitutas, sin que nadie lo sospeche! Anna las conoce a todas; las ha visto a todas cuando se creían al abrigo de toda curiosidad, y no con un hombre, sino con media docena.

La señorita de B... aguijoneaba mi curiosidad. Las escenas de *Justine y Juliette* me producían horror. Nunca habría querido asistir a las escenas del volumen VIII, página 3, o del volumen X, página 90. Sin embargo, había ciertas cosas que habría podido soportar.

Conocéis sin duda el libro del Marqués, y sabéis lo que representan esas imágenes. Si no os acordáis, permitidme describíroslas. La primera representa la arena de un circo. En lo alto aparece, en una ventana, un hombre mayor con barba, propietario del zoológico, además de un joven y una jovencita apenas púber y un muchachito. En ese mismo instante lanzan por la ventana a una mujer desnuda. Un león está devorando a otra joven, cuyos intestinos se le salen del cuerpo. Un oso enorme husmea a una tercera joven. Incluso vos, un médico habituado a asistir a las operaciones más terribles, debéis de sentiros horrorizado ante esa imagen. ¡Pensad cómo me siento yo!

La segunda imagen representa al Marqués de Sade. Se ha vestido con una piel de pantera y ataca a tres mujeres desnudas. Está abrazando ya a una, y la muerde en el pecho. Su mano derecha le desgarra el otro seno. La sangre fluye. En tierra yace un niño desnudo, desgarrado, mordido, muerto.

No sé cuál de esas dos imágenes es más terrible. Yo no quería asistir a tales espectáculos. Pero hay otros, de orgías, flagelaciones, escenas de tortura y excesos entre personas del mismo sexo, a los que podría asistir.

Me diréis, quizá, que las imágenes más inocentes pueden llevar a las más crueles. No quiero pretender que ciertas naturalezas carezcan de límites; pero puedo afirmar que ése no será nunca mi caso. Podríamos afirmar con la misma facilidad que todos los asistentes a ejecuciones o castigos corporales –sabemos que hay siempre muchas más mujeres que hombres– serían capaces de asesinar a sus semejantes, si creyeran hacerlo impunemente, para satisfacer sus deseos morbosos. Pero esto es falso, estoy segura. Una de mis amigas, una húngara cuyo padre era oficial y que vivía con toda su familia en el cuartel de Asler, en Viena, asistía casi todos los días a castigos corporales. Veía por la ventana cómo azotaban a los soldados con vara y látigo ante el tribunal. Pero jamás tuvo ganas de hacer algo parecido; era incapaz de cortarle el cuello a un pollo. Hay un abismo entre la participación y la asistencia pasiva.

La señorita de L... frecuentaba las mejores familias de Budapest. Las damas de la alta sociedad eran íntimas suyas. Probablemente les daba clases en el arte de atraer a los hombres, que ella conocía tan admirablemente. No era de ningún modo comprometedor conocerla. Aunque en Alemania lo hubiera sido. Como quería verla, la señorita de B... me la trajo. Sólo el barón de O... tenía aire descontento, diciendo que no era una relación apropiada para mí. No sé por qué la detestaba tanto. Ella me gustó mucho. No era en absoluto provocadora, como creía. Cuando nos conocimos mejor y le supliqué que me contara todo, abandonó cualquier reserva. Entonces vi que esa mujer era muy distinta de lo que parecía en sociedad. Tenía una extraña filosofía, cuya única preocupación era proporcionar a los sentidos un alimento siempre nuevo. Era un Sade femenino. Hubiera sido capaz de hacer cuanto aparece en el libro. Pronto tuve pruebas de ello, como os relataré.

Hablábamos de cómo poner pimienta al goce sexual del hombre y la mujer. La sensibilidad de las partes sexuales disminuye a la larga, y es preciso recurrir a medios artificiales para reanimarla.

–No aconsejaría a un hombre hacer todo lo que yo he hecho –decía ella–. No hay nada más peligroso que la sobreexcitación para un hombre; eso le enerva y le vuelve impotente. La imaginación sustituye mal y raramente lo que ha prodigado. Pero en la mujer la imaginación aumenta la excitación y el placer. ¿No habéis probado nunca unos ligeros fustazos con varas durante el coito?

Debo deciros que con la señorita de L... era inútil mentir. Desde su primera visita reconoció hasta qué punto estaba yo iniciada en los misterios del amor. Pero nada tenía yo que temer, porque compartía mis opiniones sobre el secreto de esas cosas y el disimulo de las mujeres. Le dije que lo había intentado una vez, pero que la fuerza del dolor me había hecho renunciar. Ella rompió a reír.

–Hay muy pocas mujeres que conozcan la voluptuosidad del dolor y, sobre todo, las varas o el látigo –me dijo–. Entre las numerosas prisioneras condenadas a recibir el látigo no hay una sola que no tenga miedo. Hasta el presente sólo he encontrado dos mujeres que sintiesen esa voluptuosidad. Una era una prostituta de Raab; había cometido muchos robos con el único fin de ser fustigada. Su voluptuosidad aumentaba al ser fustigada públicamente. Se sentía muy orgullosa de ser llamada puta. Gritaba y se lamentaba cuando recibía los golpes; pero de vuelta a su celda se desnudaba, miraba en el espejo sus nalgas horriblemente laceradas y sus dedos jugaban con su concha. Durante la ejecución del castigo, en medio del dolor más intenso, tenía los transportes más voluptuosos. En cuanto a la otra, acabo de descubrirla en esta ciudad. Se encuentra en la cárcel y recibe treinta golpes de látigo por trimestre. Nunca grita; su rostro expresa más voluptuosidad que dolor. ¿Os gustaría asistir a la tortura de esa joven?

Vacilé. Temía que llegase a oídos del señor de F..., gobernador de la ciudad. Lo conocía bien, porque era uno de mis admiradores. Anna –y la llamo Anna porque así la llamaba la señorita de B...– me aseguró que el señor de F... no sabría nada; que asistirían la señorita de B... y otras damas, entre las cuales estarían algunas de la más alta aristocracia, como las condesas de C..., K..., O... y V...; que podría muy bien pasar desapercibida y que si llevaba un buen velo nadie me reconocería. Acabé accediendo; estaba cercano el día en que la encarcelada recibiría su castigo, y no tuve que esperar mucho.

El día de la ejecución del castigo hubo otro espectáculo que impidió a todos los aristócratas acudir. Era el día de recepción de la Gran Duquesa, que acababa de regresar de Viena. Anna, la señorita de B... y yo entramos a escondidas en un cuarto preparado para nosotras. Nos apostamos en la ventana. Pronto aparecieron tres hombres, el jefe del destacamento, un carcelero y el verdugo de la ciudad. La delincuente era una joven de dieciséis a dieciocho años, bella como una diosa joven, de constitución delicada y con un rostro lleno de inocencia. No tenía miedo, pero apartó los ojos al vernos. Anna me dijo que pronto me convencería de su falta de vergüenza. El carcelero la ató sólidamente a un banco y el verdugo la fustigó a golpes de látigo. Ella llevaba sólo una falda muy fina y la enagua sobre el cuerpo. Los velos estaban tensos, y se dibujaban las formas redondeadas. Las nalgas temblaban con cada golpe. Se mordía los labios, pero su rostro estaba lleno de voluptuosidad. Al vigésimo golpe se abrió su boca; suspiraba voluptuosamente y parecía gozar el más alto éxtasis.

–Esto habría ocurrido antes o después –me susurró Anna al oído–, no creo que alcance el éxtasis por segunda vez. Debemos procurárselo cuando vuelva aquí, después de la ejecución. He dado cinco florines al carcelero para que la permita entrar... Lo he hecho por vos...

Comprendí lo que quería decir y le di diez florines para cubrir los otros gastos. Quería darle también algo a la chica. El castigo duró más de media hora.

Recibía un golpe cada poco tiempo. El señor de F... se alejó, el verdugo se llevó el banco y la muchacha entró en nuestro cuarto. Pasamos todas a otro cuarto con vidrios esmerilados. No podíamos ser observadas. Anna le dijo que se desnudase. Ella sólo lo hizo a disgusto. Su trasero estaba hinchado, era posible contar las huellas del látigo. La piel estaba abierta, y manaba la sangre en largos hilos. Era muy bello.

—¿Sólo gozaste una vez de la voluptuosidad? —le preguntó Anna.

—Una sola vez —respondió la pobrecilla en voz baja.

Sus piernas temblaban; me pareció que deseaba otro goce. Anna le dijo que pusiese sus piernas sobre una silla. Luego se arrodilló ante ella y se puso a jugar con los dedos en la gruta de las voluptuosidades. Metía su dedo índice entre los labios, y lo retiraba rápidamente; acarició lo alto de la hendidura con la lengua. La muchacha jadeaba y suspiraba de placer. Había agarrado con ambas manos el pelo de Anna, y se lo arrancaba en su furor amoroso.

—¿Gozas? —le preguntó Anna.

—¡Oh, sí! ¡Muchísimo! No terminéis aún. Es tan delicioso. ¡Oh! ¡Oh! Lentamente, no acabéis. ¡Ah! ¡Si pudieseis morderme y desgarrarme ahora!

Ese espectáculo me sobreexcitaba, deseaba sustituir a Anna junto a la muchacha. Anna observó el cambio en mi fisonomía. Detuvo su juego y preguntó:

—¿Queréis probar? Y tú, Nina —dirigiéndose a la señorita de B... —, no te quedes así como una tonta. Diviértete con la señorita.

La señorita de B... estalló en risas. Se puso cómoda y yo hice lo mismo. Anna no siguió nuestro ejemplo, y con razón; un cuerpo tan destrozado como el suyo nos hubiera quitado cualquier gana de juguetear.

Nina, la señorita de B..., era todavía muy bella. Tenía un cuerpo más bonito que el de mi madre. Nunca había dado a luz; su vientre no tenía arrugas ni estaba distendido, como acontece a su edad. Tenía al menos cincuenta años, a juzgar por su rostro. Pero tenía menos suerte con los hombres que Anna, aunque fuese más bella. No era lúbrica; parecía una estatua de mármol, inanimada, y ahora permanecía completamente fría también.

Tomé el lugar de Anna frente a la muchacha. Como Anna había interrumpido el juego de sus dedos y de la lengua, la fuente, que estaba próxima a desbordar, había vuelto a su cauce. Tuve que recomenzar todo e inflamar a la muchacha. Nina se había arrodillado junto a mí; me abrazaba con su brazo izquierdo, mientras con su mano derecha jugaba en mi gruta de la voluptuosidad, que estaba húmeda y pegajosa, y que me quemaba como si estuviese llena de explosivos. El olor de la gruta de esa muchacha era extremadamente voluptuoso: ese perfume me era más agradable que el de las flores más extraordinarias. Me embriagaba.

Anna se había arrodillado detrás de la muchacha y jugaba con la lengua en otra pequeña abertura situada justo detrás del templo del amor, y sobre la cual dice Grecourt –hablando de la constitución de la mujer– que el cuarto de aseo se encuentra contiguo al pabellón de verdor. Esas caricias excitaban a la pequeña, que se agitaba más y más según iba aproximándose la crisis. Anna le arrancaba a tiras la piel del trasero ya torturado, mordiéndole las pantorrillas y sorbiendo la sangre.

–¡Oh, Dios mío! –gritó la voluptuosa muchacha–, ¡es demasiado fuerte! ¡No puedo retenerme, voy a...!

Un chorro ardiente y ligeramente salado se derramó en mi boca. La muchacha quería retirarse un poco, pero la apreté contra mí gritando: «¡Todo! ¡Dámelo todo!». No lo hubiese absorbido con más voluptuosidad si hubiese sido champán; y lo habría dado todo por tener el doble. Pronto un segundo líquido se escapó del cuerno de la voluptuosidad con una abundancia que ni siquiera el propio Arpad conoció.

Así terminó este juego encantador e inolvidable. Nos vestimos. Di veinte florines a la muchacha, la besé tiernamente y le dije que no necesitaba robar en lo sucesivo, que la tomaba a mi servicio.

3

Me habéis pedido que no os ocultase nada de mis experiencias y sentimientos. Por eso no he vacilado un instante en relataros todos mis deseos perversos, por anormales que sean. Estoy convencida de que sabréis comprenderme, porque sois tan profundo psicólogo como fisiólogo. Es probable que ninguna mujer os haya hecho nunca semejantes confesiones; pero habéis estudiado casos semejantes, estoy segura, y quizás hayáis llegado a resolverlos. Yo soy profana y todo lo ignoro de esas dos ciencias; he obedecido al momento sin pensar si lo que hacía podría repugnar a nuestros mejores sentimientos e inspirarnos horror. Protegida de mis sentidos y a sangre fría, me habría hecho temblar la idea de hacer tales porquerías. Pero ahora, después de haberlas hecho, tengo otra opinión, porque no veo qué las hace obscenas.

Quizá me culparíais si os comunicase todo eso de palabra; quizá no lo haríais. Vos conocéis mucho mejor que yo la constitución orgánica del hombre, y conocéis la clave de ese fenómeno en el cerebro. Yo razono a partir de mi experiencia personal, sin poder garantizar la justeza de lo que digo.

Ante todo, debo responder a esta cuestión: ¿qué entendemos propiamente por la palabra porquería? Todos los días nos alimentamos con materias que, al ser analizadas, resultan encontrarse en estado de descomposición; nos gusta convencernos de que purificamos los alimentos por el agua y por el fuego, pero en el fondo comemos porquerías. Ciertos alimentos han de estar completamente podridos para gustarnos. ¿Acaso no necesitan fermentar el vino y la cerveza antes de ser degustados? ¡Y la fermentación es un cierto grado de podredumbre! Por no pensar en lo que comen los puercos y los gansos. El queso está plagado de gusanos. Recordemos cómo se salan los arenques. He asistido una vez en Venecia a la operación, y no puedo contarla. Si se supiera qué complemento recibe la sal de mar, nadie los comería. En una palabra, la suciedad es algo muy relativo, y ¿quién pensaría, mientras goza de algo, en las materias primas? Es como si alguien que se hubiese enamorado de una muchacha perdiese sus sentimientos poéticos pensando en las necesidades naturales de su bienamada. Yo creo justamente lo contrario. Cuando un hombre ama a alguien o a algo, no ve nada obsceno, sucio o repugnante en el objeto de su placer.

Estas pocas reflexiones pueden servir de excusa a lo que he hecho, impulsada por los ciegos deseos de mis sentidos. Ya os he hablado de ello al final de mi última carta. Eso debe bastaros.

Lo que mi corazón experimentó más tarde es cosa bien distinta y mucho más extraña. Tendréis como psicólogo un tema de análisis, pues aunque no sea absolutamente extraordinario es cuando menos anormal.

Estos últimos tiempos he leído muchos libros sobre el amor griego, el llamado platónico, especialmente de Ulrich, actualmente profesor en Wurzburg. Pero sólo habla del amor entre hombres, y no dice una palabra del amor entre mujeres. ¿Qué diréis cuando os confiese que no he amado nunca a un hombre tanto como a mi querida Rosa, la muchacha de quien os hablé al final de la última carta? El amor físico me atraía, desde luego; pero tenía algo más en el corazón, una nostalgia, que jamás he sentido por hombre alguno. Era un amor tan puro que todas las mujeres me disgustaban, y los hombres aún más. Sólo pensaba en Rosa, soñaba con ella. Besaba y acariciaba los almohadones pensando que eran ella. Y lloraba, estaba desolada, por no poder verla.

No sabía a quién confiarme, si a Nina o a Anna. ¿Acaso debía suplicar al señor de F... que la liberase de su pena? Él me habría preguntado de qué la conocía, y yo no habría sabido qué responder. Al final acabé decidiendo hablar con Anna. Ella me evitó el esfuerzo de introducir esa conversación, poniéndose a hablar inmediatamente del placer compartido:

–Es lo único que puede excitarme aún y, hoy, no he gozado del mejor modo. Os he cedido el goce supremo. ¿Estáis enamorada de esa pequeña Rosa? No lo neguéis.

Yo estaba todavía llena de prejuicios y me sonrojé.

–¡Ah! ¡Ah! ¡Ah! ¿Os sonrojáis? Señal de que estáis enamorada de la pequeña. Aunque no hubiese visto vuestro rostro lo habría adivinado, viendo cómo le dabais dinero y decíais querer tomarla a vuestro servicio. Tres meses pasarán pronto, y creo que la pequeña preferirá venir a vuestra casa que volver a la prisión. Su deseo de hacerse fustigar podéis saciarlo igualmente vos. Ella quizá preferirá las vergas al látigo, y vos obtendréis así mucho placer. Es muy excitante, os lo garantizo.

–¿No sería posible tenerla antes? –pregunté.

–Es difícil. Debe terminar su condena. No depende del señor de F... el liberarla o no, aunque sea muy influyente. No obstante, intentaré hablarle.

–No le digáis mi nombre. Podría sospechar algo.

–Nada temáis. Mi proposición no le asombrará en absoluto. Hay bastantes damas en la ciudad que hacen como los hombres y que tienen amantes de los dos sexos. Le diré que es para mí. No, no querría. Le diré que una extranjera busca una muchacha que se deje torturar voluntariamente, y que sólo conozco a Rosa. Sin embargo, no debéis tenerla con vos los primeros días. Luego yo diré que la dama abandonó Budapest y que, por humanidad, os he recomendado a Rosa como doncella.

–Pero ¿se lo creerá?

–¿Y por qué no? Tengo una buena labia. Pero hace falta mucho dinero para corromper al señor de F...

–¿Cuánto? –pregunté aterrorizada, porque Nina me había puesto en guardia contra su avidez–. ¿Cuánto pensáis?

–¡Uf!, quizá cien florines, quizá más, no lo sé.

–Yo no querría consagrar a ello más de cien florines –dije, pero si me hubiese pedido el doble o el triple se lo hubiese dado.

–Bien. Dadme inmediatamente cien florines. Si consiente en ese precio, la muchacha estará mañana en vuestra casa; en caso contrario os devolveré el dinero. Voy enseguida a su casa, antes de que se marche al casino. Pero no tengo dinero para coger un carruaje. Dadme un florín más. No pido nada por mi gestión. Me basta con vuestra amistad.

Nina tenía razón. Esa mujer me habría esquilmado si no hubiera sido prudente. Sabía bien que ella iría a pie.

En menos de una hora estaba de vuelta. F... ponía dificultades, pero ella había añadido cincuenta florines y cedió. Él lo hacía sólo por amistad. Ni siquiera preguntó para qué era; creía que se trataba de un caballero deseoso de guardar el anonimato. Me vi, pues, forzada a darle otros cincuenta florines. Pero ella se puso a lamentarse de los malos tiempos y de los malos pagadores. Me mostró un paquete de tarjetas de empeño del Monte de Piedad; me dijo que perdería todo si no pagaba los intereses el día siguientes. Le di cincuenta florines más. Ella me aseguró que consideraba esa suma como un préstamo, pero yo le respondí que no era necesario devolvérmela. Quería asegurarme su discreción y sus servicios ulteriores.

Al día siguiente le conté todo a Nina. Ella me dijo que F... sólo recibía treinta florines, y que Anna se guardaba para sí el resto. Decidimos festejar ese día con un buen almuerzo.

–Es posible que salvéis a una muchacha perdida –me dijo Nina– y Dios os recompensará esa acción. Pero os va a costar dinero, porque esa muchacha tendrá necesidad de uniformes. Debéis también prepararle un baño, porque esas desdichadas cogen fácilmente infecciones en la cárcel. Yo tuve en mi casa a una muchacha del tamaño y la talla de Rosa, que se fue dejando los uniformes. Bien podía hacerlo, puesto que se llevó mi ropa. Pero le servirán. Tasadlos vos misma y dadme lo que consideréis su valor.

La señorita de B... era todo lo contrario de Anna. Valoré esas prendas en cuarenta y cinco florines. Ella no quiso más que treinta y seis, y me costó hacerle aceptar un broche como recuerdo. Era muy desinteresada.

Eran cerca de las ocho cuando Rosa llegó a mi casa. La llevé inmediatamente a Ofen y allí tomamos un baño turco. Estábamos en octubre, y esos baños se van haciendo cada vez más calientes a medida que la temperatura exterior desciende. La pobre niña se resentía del castigo de la víspera. Apenas osaba yo tocar las partes doloridas. La aliviaba un poco paseando por allí mi lengua caliente y lamiéndola suavemente. El calor del baño la animó por completo. No estaba tan tímida ni vergonzosa como la víspera. Se lanzó a mi cuello y enlazó sus piernas en torno a mis caderas. Chupó los botones rosa de mis senos, y luego mis labios y mi lengua. Me juró no amar jamás a un hombre si yo quería amarla como la víspera. Estaba loca de alegría. Me dijo que su mayor voluptuosidad sería ser estrangulada o apuñalada por mí. Aún era virgen, cosa que no había osado esperar. No lograba yo por eso meter el dedo índice en su celda de amor. Algo me cerraba el camino: era la piel intacta de su virginidad.

–Desgarradme –decía Rosa–. No me importa. Prefiero amaros a vos que a un hombre.

Rodolfina me había regalado un consolador en Viena que aún no había probado. Era de construcción nueva, y estaba pensado para servir a dos mujeres. El recipiente que contenía la leche caliente colgaba en medio, y de él salían dos bolas a derecha e izquierda, con lo cual cada gozadora era a la vez hombre y mujer. Quería probar ese consolador con Rosa. Retiré por tanto el dedo y le dije que reservase las mejores cosas para la noche.

Después de tomar el baño y permitirnos caricias sin importancia volvimos a la casa. Anna y Nina nos esperaban ya. La primera había encargado una suculenta cena con champán. Se había traído una gran vara y dijo que yo iba a conocer esa voluptuosidad también.

El cuarto estaba bien caliente, y nada arriesgábamos desnudándonos. Anna lo hizo también. Pero no observé sus ajados encantos, porque se puso enseguida bajo la mesa diciendo que iba a hacer el perro. Estaba entre mis piernas. Tuve que abrir los muslos y echarme un poco hacia atrás. Ella se puso mis piernas sobre los hombros y comenzó a lamer unas veces mi gruta y otras esa pequeña abertura que, como dije, Grecourt llama el gabinete de aseo...

Mi postura no era muy cómoda, porque estaba alejada de la mesa y apenas llegaba a los platos; pero la lengua de Anna jugando con mis dos aberturas me procuraba el más vivo placer. Ella utilizaba también las dos manos, la derecha en la hendidura y la izquierda detrás. Llegaba a meter todo lo posible su dedo en mis entrañas tras haberlo humedecido. Esas caricias me trastornaban, y un chorro interminable brotó de mi gruta de voluptuosidad.

Nina me pasaba los platos y llenaba mi vaso. Comimos y bebimos tanto que incluso la fría Nina estaba ardiendo. Pasé varios bocados a Anna, que sólo se comía las galletas y demás golosinas después de empaparlas en mi gruta. Llegó incluso a meterme allí las salchichas. Decía que los platos ganaban con ello un gusto especial.

Tras la comida hice aparecer el consolador, para compartir con Rosa las delicias del amor de Afrodita. La joven quería justamente ir a la cama y buscaba un recipiente, porque el champán iba a salírsele.

–No, no, no lo entiendo así –le dije–, niña malvada. Quieres privarme de lo mejor. No debes perder una sola gota. Abre deprisa las piernas.

Me arrodillé inmediatamente y pegué la boca a su concha. Pronto recibí todo el champán filtrado. Burbujeaba en mi boca y me lo bebí todo. No había perdido nada de su aroma; al contrario, sabía mejor. Anna se había tumbado sobre la alfombra, con la cabeza entre mis piernas y la boca abierta de par en par. Como yo había bebido mucho y recibía otro tanto de Rosa, no pude retenerme y Anna recibió una parte doble.

Estos preliminares eran tan agradables y voluptuosos como la acción principal. Yo ardía. Temblaba tanto de impaciencia que no podía curvar el consolador. Anna me ayudó. Puso el puñal más gordo de los dos en mi concha. Penetraba a medias. Rosa se tumbó sobre la cama. Le separé los muslos. Yo hacía el papel de hombre. La besaba, empujaba ciegamente, pero no podía encontrar la entrada al templo de Rosa. Nina acabó poniendo el puñal en su lugar. Empujé con tanta fuerza que desgarré su virgo y la penetré hasta el fondo. Rosa lanzó un débil grito. Anna bebía la sangre que brotaba de la vagina. El consolador entraba más profundamente a cada golpe. De repente, escuché un silbido detrás de la cabeza y luego sentí un dolor agudo y voluptuoso en las nalgas. Anna agitaba la vara. Apenas me había dado tres golpes y las fuentes se abrieron, tanto para mí como para Rosa. Estábamos encantadas.

–Es una pena que no tengáis un consolador simple –dijo Nina–, porque difícilmente podría aliviarme sólo con los dedos. Anna, excítame con algunos golpes. No es posible permanecer tranquila con vosotras.

Dije a Nina que encontraría un consolador en un cajón de la cómoda. Era el que Margarita me había dado. Fue entonces cuando tuvo lugar la escena principal, formando nosotras un grupo como los que representan algunos camafeos y bajorrelieves romanos. Nina se tumbó sobre mí. Su trasero estaba expuesto a los golpes de Anna. Su peso me hundía en Rosa. El contacto de los dos cuerpos lisos, desnudos y ardientes me excitaba en el más alto grado. Recomenzamos la liza amorosa, que esta vez se prolongó mucho. Nina daba más fuerza a mis ataques. Anna nos golpeaba una a una. La crisis se aproximaba, los golpes se aceleraban, se hacían más fuertes. Pero ya no me bastaban. Supliqué a Rosa que me mordiera los brazos y los hombros. Le grité: «¡Muerde hasta hacerme sangre!», y ella lo hizo. Al final alcanzamos el grado supremo. Perdí el conocimiento. Saturados de voluptuosidad, los miembros me escocían. Nina y yo casi aplastamos a la pobre Rosa. Las fuentes no querían cesar.

No sé cuánto tiempo duró ese éxtasis, que yo llamaría desvanecimiento. Cuando recuperé el sentido, Anna y Nina habían partido. Los consoladores estaban sobre una silla, cerca de la cama. Las mujeres habían bajado la luz y reinaba en el cuarto una tenue claridad. Rosa dormía profundamente; su pierna izquierda rodeaba mis senos, el pie y los dedos del pie estaban sobre mi trasero. De vez en cuando suspiraba voluptuosamente. Me abrazaba con su brazo izquierdo; el derecho colgaba fuera de la cama. Las mantas nos cubrían; no quería despertarla, y volví a poner la cabeza sobre los almohadones. Me dormí para no despertar hasta después de las diez de la mañana.

No contaré todas las escenas donde era unas veces activa y otras, pasiva. No podría evitar la reiteración. Sabéis ya lo bastante sobre ese tema; se limitaría a excitaros, como me excito yo leyendo esas páginas. Porque –entre paréntesis– me he hecho una copia de estos folios, que me sirven de excitante cuando mis sentidos están relajados.

Anna volvió algunos días más tarde. Nina había venido todos los días para continuar nuestras lecciones de húngaro. Con Rosa, cada vez que estábamos solas, gozaba yo todos los placeres, e íbamos todos los días al baño turco. Ella me era fiel como si yo fuese un hombre. Hoy mismo, tras tantos años, ha seguido siendo lo que era entonces, y aunque haya conocido después el amor masculino, me jura que prefiere gustar el amor entre mis brazos al abrazo del sexo fuerte. Yo también lo creo a veces, y estoy convencida de que –si no fuese por el deber de perpetuar al género humano– bien podríamos prescindir de los hombres, de tan violenta que es la voluptuosidad entre dos mujeres.

Anna me propuso asistir a una orgía grandiosa, que se celebraba todos los años por carnaval en un burdel. Me dijo que participaban las damas de la más alta aristocracia, que estaban todas enmascaradas y que nadie era capaz de reconocerlas. La máscara servía igualmente para distinguirlas de las demás sacerdotisas de Venus. Todo acontecería lujosamente. Los hombres tenían entrada libre, pero cada billete de señora costaba sesenta florines.

–No veréis nada semejante en París –me decía ella–. No hay más de treinta invitados. Las más preciosas putas –la señorita de L... se servía siempre de las palabras más groseras; no puedo evitar repetirlas; ¿acaso os choca?– son invitadas junto a unos ochenta caballeros. Veis que el precio no es exorbitante, pues hay aproximadamente ciento cincuenta personas reunidas y el billete viene a ser de doce florines por cabeza. Las celestinas quieren sufragar sus gastos, y los caballeros el tiempo perdido. Iluminación, música y cena. El año pasado las condesas Julia A... y Bellak... pagaron mil doscientos florines para sufragar los gastos. Es probable que la entrada sea más cara este año. Como de costumbre, yo tendría una entrada gratuita. Pero si queréis participar, debéis hacérmelo saber antes de terminar la semana para que os reserve un billete.

En principio no quise. Había gastado ya demasiado dinero. Rosa me había costado más de doscientos florines. Mis ingresos eran bastante elevados, pero me hubiera abrumado gastar además ochenta o cien florines. Con todo, Anna me presionaba tanto que acepté. Dos días después recibía una tarjeta de entrada litografiada, con una viñeta que yo había visto ya en un libro francés. Representaba una vagina magnífica, cerrada a medias y muy peluda, reposando sobre un altar; a ambos lados un bosque de vergas masculinas y al fondo cabellos de mujer así como un gorro de granadero. Las tarjetas estaban firmadas por la condesa Julia A... y L... R... (Luft Resi-Teresa), el nombre de una de las más célebres propietarias de burdel de Budapest, que, como luego vine a saber, estaba protegida por la señora de T...

Anna me dijo que habría un baile de máscaras. Las damas disfrazadas no debían llevar nada debajo del disfraz. Los asistentes se ocuparían de descubrir las partes que son necesarias para los juegos del amor. Un traje pintoresco aumentaría los encantos. En resumen, me hizo una descripción tan bella de la fiesta que no me arrepentí de nada. Me apliqué enseguida a la confección de un disfraz de carácter. Nadie debería saber que era el mío. La señorita de B... tenía aproximadamente mi talla. Le pedí que encargara mi traje a partir de sus medidas.

Una noche Anna vino a buscarme para visitar el burdel donde se iba a celebrar el carnaval. Quería conseguirme ropas de hombre, para hacerme irreconocible. Pasaría por un joven estudiante. Ella hablaba tan bien que cedí una vez más. Pronto me vi metamorfoseada en un joven; mis cabellos estaban escondidos tan hábilmente que era imposible ver su longitud. Como en *Los hugonotes* y en la *Noche de baile,* de Auber, mis movimientos y mis gestos no eran de prestado.

Hacía buen tiempo; el pavimento estaba seco, y fuimos a pie. No estaba lejos. Atravesamos el convento de los franciscanos y entramos por la primera calle, la calle de los bordadores. La casa de esa sacerdotisa de Venus era considerablemente vasta. Era aún temprano, no había visitantes, que llegan por lo general después del teatro. La directora de ese pensionado era una mujer gorda, de piel muy atezada; parecía de Bohemia. La expresión de su rostro era vulgar y dura. Anna me presentó; ella me miró y sonrió. Vi enseguida que había adivinado mi disfraz y lamenté haber ido.

–Queréis ver a mis pensionistas, joven. Si hubieseis venido ayer no habríais visto nada extraordinario. Pero acabo de recibir dos muestras de la señora Radt, de Hamburgo, una de Kaschau y otra de Alemania. Ahora tengo una docena. Cuando tengo demasiados visitantes mando buscar a la Julia del señor de F... y la vieja Radjan se queda feliz de poder vender en mi casa su mercancía pasada de moda. ¿Es que ese joven se ha echado ya un polvo? (Expresión suya.) ¿Desea una virgen? ¿Por eso lo habéis traído a mi casa? En tal caso, os recomiendo a Leonie. Está en el oficio hace tan sólo dos meses, y tiene catorce años; pero se desenvuelve mejor que una vieja.

Nos guió hasta una gran sala, amueblada de manera bastante elegante. Había un piano y las paredes estaban cubiertas de espejos. Las odaliscas de ese harén público reposaban sobre un diván. Eran muy bellas, y resultaba difícil elegir. Parecían tímidas más que astutas. Leonie, una rusa muy bonita, tenía algo de provocativo y coqueto en los rasgos. Llevaba un peinado con rizos rococó, y era esbelta y ágil como una sílfide. Su escote dejaba ver unos senos que distendían el corsé como para romperlo. Ella enseñaba en todo momento la pantorrilla, que era fina, y su pie, pequeño. Me senté a su lado. Anna se situó frente a nosotras. Leonie me pellizcaba a veces los muslos y el trasero; quería ser aún más agresiva, pero Anna le dio un cachete en la mano.

Tendí diez florines a la propietaria para que nos trajese vino y golosinas. Ella miró desdeñosamente el billete y dijo: «¿Es todo?». Esas palabras me molestaron; dije que pagaría todo lo que ella quisiera, pero que sólo llevaba conmigo un billete de cien florines. Ella me dijo que iba a enseñarme algo nunca visto antes y abandonó el salón. Anna la siguió y quedé sola con las mujeres.

Encontré entre ellas lo que nunca habría buscado: educación, e incluso ciertos conocimientos que más de una aristócrata habría envidiado. Una de esas mujeres tocaba muy bien el piano; tenía una voz muy bella y un buen oído, aunque sin trabajar; cantaba ajustadamente las arietas de Offenbach. Otra me mostró un álbum con acuarelas muy bonitas que pintaba en sus ratos de ocio. Algunas de esas mujeres se quejaban de su suerte; deploraban la desdicha que las había llevado allí. Otras se sentían perfectamente felices. Los caballeros eran amables, galantes; los estudiantes eran groseros, pero era entre sus brazos donde conseguían más placer, porque esos jóvenes gastaban fuerzas sin reserva.

–¿Qué queréis? –dijo una bella polaca a quien llamaban Vladislava–. Aquí viene un admirable joven que está orgulloso de sí mismo como un pavo y de quien están enamoradas todas las chicas. Un día se acostó conmigo y me hizo el amor nueve veces antes de partir por la mañana. Eso es mucho con una sola chica. Es más fácil hacerlo con una docena de mujeres que cinco veces con la misma. Sólo conozco a uno capaz de tanto. Pero nunca me lo ha hecho. Debe de tener una querida, una mujer rica que lo mantiene.

–Hablas del sobrino del intendente del teatro –dijo Olga, una alegre húngara–, sí, Arpad H...

Cuando Olga pronunció ese nombre, me sobresalté.

–Ninguna mujer lo mantiene –continuó Olga–, tiene dinero suficiente como para no depender de una amante.

–Sé que la condesa Bella B... le hizo las proposiciones más brillantes, y que él las rechazó –dijo otra.

La entrada de la patrona y de Anna interrumpió nuestra conversación.

–Si hacéis el favor de venir, joven, os mostraré algo que regocijará vuestros ojos. ¡Pero qué guapo es! –añadió pellizcándome el trasero.

Seguí a la gorda. Me condujo a un largo corredor y atravesamos muchos cuartos. Luego abrió una puerta lo más silenciosamente posible y se puso un dedo sobre los labios. El cuarto estaba oscuro. Una débil claridad de crepúsculo penetraba por la ventana velada por visillos blancos. Me tomó la mano y me llevó hacia un sofá situado ante una puerta de cristales. Escuché un leve ruido que venía de la habitación contigua. Me subí al diván para observar mejor lo que pasaba. El cuarto estaba iluminado, lo veía en su totalidad; pero las dos chicas que estaban allí no podían verme. Entró un anciano; era calvo y tenía un plebeyo rostro de fiera, bastante grande y muy delgado. Podía escuchar cada palabra pronunciada. Una de las odaliscas tenía una vara en la mano. Se desnudaron rápidamente todos, incluido el viejo Celadón, verdadera caricatura del Caballero de la triste figura. Estaban los tres ante mis ojos. El hombre era feo; una piel amarilla y peluda recubría su delgado esqueleto. Estaba justo delante de mí. Su nariz era pequeña y su rostro estaba ajado. No lo vi al principio. No podía distinguir si tenía dos ombligos o dos flechas de amor, porque su verga no era mayor que un haba. Las dos muchachas adoptaban posiciones voluptuosas para excitarle; pero de nada servía. Él se acostó entonces sobre tres sillas. Le ataron los pies y las manos; una comenzó a pegarle, mientras la otra le ofrecía unas veces su concha y otras su trasero. Los golpes caían a cada minuto; cuando llegó el tercero, vi gotas de sangre perlarse sobre su piel. Al llegar al décimo, su culo (pues no puedo llamar de otra manera esas mejillas demacradas separadas por un sombrío precipicio) estaba descarnado y formaba una sola masa informe y sangrante, como un trozo de carne cruda. Sin embargo, suplicaba a su torturadora que le golpease aún más fuerte, mientras olía y chupaba las aberturas de la otra muchacha. Yo escuchaba a veces un golpe de trompeta o un suspiro de oboe, aparentemente venidos de los intestinos de la muchacha que el sátiro olisqueaba. Aspiraba los perfumes ávidamente.

–Así no va a funcionar –dijo al fin–. Pero si me das una salchicha, vendrá enseguida. Luisa, querida Luisa, ¿tendré una salchicha o dos?

Se tumbó de espaldas y la chica a quien olía se sentó sobre él, con el trasero justo encima de su boca. La otra se esforzaba en meterse en la gruta el cetro, que se erguía débilmente. Escuché los ruidos del oboe y vi caer en su boca lo que él tanto deseaba; chirriaban sus dientes y se mordía con ardor. Esta sucia operación le puso en el estado deseable y dejó escapar algunas gotas de esperma tras un furioso temblor.

4

Lamenté mucho haber estado en el burdel. Por una parte me había costado muy caro, y por otra, no logré dominar la repugnancia que provocó en mí esa escena entre el viejo y las dos chicas. Ese espectáculo inaguantable me recordaba lo que yo había hecho con Rosa. Me dije que también yo recurriría más tarde a excitantes similares para contentar mis sentidos envejecidos. Un enamorado no encuentra nada repugnante en el objeto de su amor; las esposas y las madres lo prueban cotidianamente. Pero no podía tratarse de amor en el caso de ese viejo enervado. No era sino ese mismo sentimiento lo que me empujaba también hacia Rosa y que empuja a los hombres hacia los muchachos bellos: el sentimiento más natural, el que conmueve los sentidos a la vista de una bella mujer, de un joven guapo, de una chica bonita o de un hombre apuesto. Pero ¿de qué modo se manifestaba en el viejo? Asqueroso era lo que le procuraba la voluptuosidad, los golpes de vara y lo que comía. Y yo misma me había dejado seducir por tales horrores. La embriaguez debió de dominarme, o quizás una oleada de inconsciencia, cuando al ver el trasero torturado de Rosa me lancé sobre ella para beber a grandes sorbos el champán que salía de su concha, mientras me exponía a los golpes de Anna suplicaba a Rosa que me mordiera. Así pensaba entonces, pero hoy pienso de otra manera. Sabéis lo que dije para justificar ciertas porquerías y ciertos deseos perversos y anormales. Tras ver a ese viejo, todo me repugnó, tanto los deseos más violentos y las ansias más malsanas como las relaciones naturales con Rosa o con un hombre. Hubiese expulsado a Arpad si hubiera venido y me hubiese suplicado hacer el amor; y eché de mi lado a Rosa cuando quiso pasar la noche conmigo.

No podía olvidar el insoportable espectáculo al que acababa de asistir. Pasé una noche agitada, soñando con las peores infamias, y al día siguiente estuve de pésimo humor.

A las diez de la mañana tenía que asistir a un ensayo general. Ese ensayo, aunque penoso, cambió mi humor expulsando las viles imágenes. Entre las personas que asistían observé inmediatamente a un extranjero que me causó una gran impresión. Era un hombre muy guapo y muy elegante, de rostro inteligente. Uno de los compañeros lo había traído. Cuando el tenor cantó mal una parte, le sustituyó, y cantó esa parte con tanta pasión, expresión y gusto que todos quedamos entusiasmados. Nunca había escuchado una voz parecida, que me corriese como aquélla a lo largo de los nervios. Todo el mundo aplaudió y el tenor dijo: «Tras de vos, señor mío, sería una profanación continuar», después de lo cual balbuceó el resto de su parte, como los demás cantantes y yo.

Quise informarme con el señor de R... y le pregunté si era húngaro.

–Me preguntáis más de lo que puedo deciros –me respondió–. Su tarjeta de visita dice Ferry, F-e-r-r-y. Puede ser tanto húngaro como inglés, italiano, español, francés, alemán o ruso. Habla todas las lenguas. No he visto sus documentos. Sólo sé que viene de Viena, que ha sido recibido en la corte, que el embajador inglés lo ha recomendado a su encargado de negocios, que ha cenado con el director del teatro real y que en la alta sociedad las gentes se complacen invitándole a almorzar. Creo que está al cargo de una misión diplomática. Vive en el Hotel de la Reina de Inglaterra.

Ferry asistió al final del ensayo y se hizo presentar. Era un perfecto hombre galante, y tuve que vigilarme mientras hablaba con él.

Cuando había un ensayo general por la mañana, teníamos la tarde libre. Me habían recomendado a menudo asistir a comedias para escuchar la buena pronunciación del húngaro. Fui esa noche al teatro. La señora de F... me hacía compañía en el palco. Durante el primer entreacto tuve la visita inesperada de Ferry. Se disculpó por la visita, y le supliqué que se quedara. Me hizo un poco la corte; es decir, alabó mi voz y mi canto, dijo que tenía una bella prestancia teatral, que mi ropa era de muy buen gusto, etc., etc., pero no habló de amor. Él era sencillo, educado, sin ser inoportuno ni vulgar. Me decidí a conquistarlo antes de que las bellas damas de la sociedad me lo arrancasen. Puse en acción toda mi coquetería, pensando ganármelo rápidamente. Como me pedía permiso para visitarme, pensé que lo había conquistado ya; pero me desengañé pronto.

También hablamos de amor, pero de un modo muy general. Aunque sus ojos fuesen elocuentes, su lengua permanecía muda. Y aunque sus palabras me dejaban entender que yo no le disgustaba, no me suplicó que le prestara el menor favor. Cuando me apretaba las manos al saludarnos o despedirnos, lo hacía despreocupadamente, sin otorgarle a ello el menor significado.

Al final conseguí que me hablara de sus amores pasados. Le pregunté si había hecho muchas conquistas y si había estado seriamente enamorado.

–Amo lo bello allí donde lo encuentro –me dijo–. Creo que es una injusticia vincularme a una sola persona. Pienso, en teoría, que el matrimonio es la institución más tiránica de la sociedad. ¿Cómo osa un hombre de honor ofrecer lo que no depende de su sola voluntad? En general, no deberíamos prometer nada jamás. No encontraréis persona capaz de deciros que alguna vez haya prometido algo a alguien. No prometo siquiera acudir a una cena cuando se me invita; me limito a acusar recepción de la invitación. No hago apuestas ni juego nunca. El azar es una potencia demasiado grande para encima concederle oportunidades de que nos venza. Por eso no prometeré jamás a una mujer serle fiel. Ella debe tomarme como soy. Si se aviene a querer compartir mi corazón con otras, encontrará lugar suficiente. Por eso no he hecho todavía ninguna declaración de amor a una mujer; siempre espero que ella me diga simple y francamente que le he gustado lo bastante como para no negarme nada.

–Me creo que hayáis encontrado personas semejantes –le dije–. Pero no comprendo cómo habéis podido amarlas. Perdonadme, pero sólo una mujer muy imprudente osa dar los primeros pasos sin esperar que el hombre tome la iniciativa y le proponga avances.

–¿Y por qué? ¿No prefiere el hombre a una mujer que lo ame lo bastante como para atreverse a despreciar todas las leyes convencionales, frente a una mujer que hace comedia? Las mujeres que se hacen de rogar sólo lo hacen con la intención de ceder al final. El hombre amará mucho mejor y por más tiempo a la mujer capaz de sacrificar su vanidad que a la incapaz de salir de la coquetería. La amargura empuja a los hombres a vengarse de una mujer que les ha hecho languidecer mucho tiempo; cuando al fin ella cede, ellos son infieles y la abandonan.

–Y esas desdichadas muchachas que abandonan su corazón al primer ataque del hombre, ¿merecen también que el hombre se vengue de ellas?

–Yo sólo me he vengado de las coquetas. Jamás he deseado seducir a una jovencita inocente. Jamás lo he hecho, aunque haya tenido a menudo ocasiones. Todas se ofrecieron ellas mismas, sin jamás suplicarles que me sacrificasen su virginidad. Todas ellas estaban cansadas de esperar y conocían su suerte. Eran libres para elegir. Se decían: ¿debo preferir al que me persigue y no me gusta, frente al que me hace ver que le gusto sin decir nada? Y su elección caía sobre mí. Se liberaban de los ridículos escrúpulos que personas fatigadas y mojigatas como las madres y las tías les habían enseñado desde la infancia. Jugaban con las cartas a la vista. Y ninguna lo lamentó. Todas sabían los riesgos que corrían; yo dije a cada una que podía quedar encinta, que yo no me casaría, que amaba a otras mujeres y que quizá no volvería a verme nunca más. Decidme: ¿no he obrado como un hombre honesto?

No podía negarlo; pero le dije que jamás me atrevería a hacer una declaración de amor a un hombre.

–Entonces es que no amaréis jamás a un hombre. Porque el amor, en la mujer, está hecho de sacrificio. Y yo no daría jamás el más efímero favor a una mujer que no me hubiese dado muestras de tal amor.

Él tenía respuesta para todo. Sabía que no se me declararía, y que las Mesalinas de la sociedad iban a cogérmelo si no hacía lo que insinuaba. Era evidente que yo le gustaba. ¿Por qué, si no, visitas tan frecuentes? Prefería mi compañía a irse de fiesta. Vacilaba, esperaba una ocasión que me ahorrase el sonrojo. Esperaba encontrarle durante el carnaval. No sabía si él me creía inexperta. Por sus palabras, la virginidad carecía de encanto para él. Habría amado a una virgen tan corrompida como Mesalina. Pero no hay tales vírgenes. El amor se aprende.

No sabía si debía contárselo todo a una amiga y pedirle que hiciese de celestina. Me confié a Anna. Ella me dijo que Ferry había caído en las redes de una dama de la alta sociedad y que haría todo lo posible para ganármelo. Ante todo, ella quería saber si Ferry iba a participar en la orgía que iba a celebrarse en el burdel.

Algunos días más tarde me trajo noticias más consoladoras. La condesa de O... era la amante de Ferry. La doncella de la condesa había escuchado la conversación del misterioso y guapo extranjero. Él le había dicho lo mismo a la condesa, y ella no vaciló tanto como yo. Además de las dos condiciones que me había puesto –hacer yo los avances y no poder contar con su fidelidad–, había una tercera de la que no me había hablado: toda mujer que se diera a él debería estar desde la primera vez completamente desnuda. Cuando una mujer le concede todo a un hombre, no hay razón para que no lo haga por entero, es decir, desnuda completamente. La condesa había aceptado.

No sé si me hubiera abandonado de esa manera, incluso estando apasionadamente atraída. Soy muy libre en ese punto; pero no puedo desprenderme de cierto pudor que, innato o aprendido, me domina. No sé si esa reserva es natural en la mujer o resultado de nuestra educación. Anna me dijo, además, que Ferry participaría sin duda en la orgía que iba a celebrarse en casa de Resi-Luft; había sido invitado por tres damas. Pero no prometió asistir, porque era contrario a sus principios.

Se aproximaba el día en que iba a celebrarse la orgía. Anna, Rosa y Nina me ayudaban a terminar el traje. Era de seda azul celeste, muy pesado, con dos bandas de gasa blanca y sobrecargado de flores bordadas de oro. Mi trasero y, por delante, mis senos y mi vientre podían descubrirse desde el ombligo hasta tres pulgadas por debajo de la gruta de la voluptuosidad. Llevaba unas bonitas sandalias de terciopelo carmesí, igualmente bordadas con flores de oro. Mi gargantilla era de vainica plisada, como las que llevaban las damas del siglo XVI y como aparece María Estuardo en sus retratos. Las mangas me llegaban al codo, eran en punta y estaban cubiertas por bordados de oro. Un chal indio tejido en oro me ceñía el talle. Mi peinado eran plumas multicolores de marabú.

No quería llevar mis joyas para no ser reconocida. Las deposité en casa de un judío, que me dio otras y luego me devolvería las propias. Llevaba en la mano una honda dorada y coronada por un miembro viril en erección. Mi atuendo estaba lleno de gusto y era muy original. Tenía además una máscara en tafetán que sólo me descubría los ojos y la boca. El color de mis cabellos no era lo bastante vivo como para traicionarme, aunque pocas mujeres tengan un toisón tan opulento como el mío».

El 2 de enero, a las siete de la tarde, fuimos Anna y yo a la Goldstickergasse. Me había puesto una pesada pelliza sobre el traje. Anna me dejó sola en el vestíbulo. Resi-Luft me recibió. Había ya mucha gente en la sala, y la orquesta tocaba. Los primeros caballeros que vi fueron el señor F... y el barón. No llevaban máscaras y estaban completamente desnudos a excepción de una especie de bañador de seda. Mi entrada en la sala causó sensación; oí a las damas murmurar: «¡Ésta va a ganarnos! ¡Qué guapa está! ¡Es de azúcar y dan ganas de morderla!, etc., etc.». Los caballeros estaban aún más encantados. Las partes más bellas de mi cuerpo estaban desnudas o escasamente veladas: mis senos, mis brazos, mis pantorrillas, mi trasero y mi gruta de la voluptuosidad. Yo buscaba a Ferry en la muchedumbre. Estaba con una dama vestida de tul blanco, con rosas y lirios como atributos, porque era ninfa. Su cuerpo estaba bastante bien hecho, pero no era tan bello como el mío. Otra dama rodeaba con un brazo las caderas de Ferry. La mujer sólo llevaba un cinturón de oro y diamantes, y una diadema en el cabello; representaba a Venus. Tenía el cetro de Ferry en su mano; se había hinchado en sus manos, y el glande desnudo brillaba como si hubiese sido metido en aceite; tenía un grosor desusado y era de un rojo vivo. Nunca había visto una lanza masculina más gorda ni más bella. Ferry estaba completamente desnudo; llevaba sólo unas sandalias rojo sangre. Ni el Apolo de Belvedere ni Antínoo tenían proporciones tan perfectas ni eran tan bellos como él. Su cuerpo era de un blanco deslumbrante, con sombras rosáceas en los contornos. Me puse a temblar al verlo; me lo comía con los ojos y me detuve involuntariamente ante el grupo. Venus tenía un cuerpo muy bello, muy blanco, pero sus senos colgaban un poco; su gruta estaba demasiado abierta, los labios eran violetas; se veía que servían demasiado asiduamente a la diosa que ella representaba.

Los ojos de Ferry se detuvieron en mí; sonrió ligeramente y dijo: «Vaya, es el mejor método para tomar la iniciativa». Se inclinó ante sus damas y vino hacia mí. Me susurró mi nombre al oído. Yo me sonrojé bajo la máscara.

La orquesta atacó un vals. Estaba escondida, separada de la bacanal por un gran biombo. Ferry me tomó por el talle y nos mezclamos con el torbellino de las parejas. El toqueteo multiplicado de todos esos cuerpos ardientes y brillantes de hombres y mujeres me trastornaba. Todas las vergas masculinas estaban hinchadas, y durante el baile todas se enderezaban hacia un objeto preciso; los besos estallaban suavemente. Un perfume voluptuoso se elevaba de esos hombres y mujeres encendidos. Sentí vértigo. La flecha de Ferry me tocaba, golpeaba con la cabeza contra lo alto de la gruta; yo me apretaba contra él, abría los muslos para que entrase más abajo; pero él no lo hizo y me preguntó:

–¿No estás celosa?

–No –dije yo–. Me habría gustado verte como Marte con Venus.

Se alejó y tomó a Venus, que bailaba con otro hombre. Algunas chicas de la casa trajeron un taburete recubierto de terciopelo rojo, y lo situaron en medio de la sala. Venus se apoyó en él con las manos y Ferry la atacó por detrás. Vladislava y Leonie se agacharon a los pies de los combatientes. Una abría con los dedos la vulva de la diosa, mientras la otra acariciaba los testículos de Ferry y lamía la hendidura de su trasero. Ferry dio algunas sacudidos tan buenas que Venus gimió. Yo me había quitado mis últimas ropas. Me situé enteramente desnuda frente a él. «¿La máscara también?», le pregunté. «Consérvala», dijo él. Luego retiró su verga de la gruta de la diosa, palmeó su trasero y ella hubo de cederme su puesto. Mis rodillas se doblaron. Ferry se arrodilló delante de mí y metió la lengua, primero por delante y luego por detrás, lo cual me excitó tanto que creí que mi fuente iba a desbordarse. Al fin, él me atacó por detrás. Mirando sobre la espalda vi que su verga era de un encarnado esplendoroso, como la empuñadura de rubíes de mi bastón.

¡Era demasiado! Venus y otra dama chupaban mis senos; una tercera me besaba, hundía su lengua entre mis labios, chupaba y mordía. Leonie estaba arrodillada entre mis piernas y me acariciaba con la lengua en lo alto de la hendidura. Mis sentidos se desvanecían, mi aliento jadeaba, mi vientre temblaba. Me ardían las caderas, los muslos, los brazos y las nalgas. De la fuente brotó una oleada abundante y blanca como nata batida, surgiendo de mi gruta a la boca de Ferry, que lo absorbió todo hasta la última gota. Se levantó luego de un salto y me hundió su cetro nudoso y cálido hasta la raíz. Empecé a emitir sonidos guturales. Todos mis nervios recién distendidos se crisparon; mi templo de voluptuosidad estaba en llamas; su flecha pétrea me destrozaba como un puñal. ¡Qué bien actuaba él en las justas de amor! A veces retiraba completamente su miembro y frotaba la cabeza contra los labios, de arriba abajo, para luego hundirlo de nuevo con un golpe violento. Yo sentía cómo la pequeña abertura de mi himen intentaba absorber la cabeza de su miembro; la sostenía como con un calambre hasta que él la arrancaba violentamente. Repitió muchas veces ese juego. Sus movimientos se aceleraban, se desordenaban, y su verga se hinchaba aún más. Ya no dominaba sus fuegos. Se inclinó hacia mí, y mientras sus dedos me trabajaban los flancos me mordía la espalda hasta hacerme sangre para pegar allí los labios y la lengua. De repente su chorro me inundó y llenó la gruta. Ya temía haberlo perdido, pensando que todo había terminado, cuando me estrechó nuevamente con fuerza; su miembro estaba preso en una mazmorra de amor que lo abrazaba y comprimía. Mi interior estaba ya seco completamente: el calor había evaporado la abundante savia. Su cetro recobró poco a poco su vigor; me dio algunos golpes a los que respondí con ardor, y el duelo amoroso comenzó más apacible y lentamente, entre aplausos de los espectadores. Habían hecho corro a nuestro alrededor. Los golpes se seguían a intervalos regulares. El desarrollo se produjo al mismo tiempo. Sentí una conmoción eléctrica que me paralizó el corazón. Sin su presencia de espíritu habría quedado encinta; pero él tuvo la suficiente sangre fría para inundarme con un segundo chorro, más cálido y largo que el primero, y que neutralizó su potencia.

Y esa vez tampoco dejó de darme pruebas de su amor y de sus fuerzas viriles. Los asistentes aplaudían; deliraban cuando le vieron retirar por tercera vez su puñal del estuche y recomenzar el combate de amor. Gritaban: «Todas las cosas buenas van en número de tres». El juego duró un buen cuarto de hora y seguían rodeándonos. Se hacían apuestas. Ferry era infatigable, pero la crisis llegó al fin y nuestra voluptuosidad fue infinita. Él me inundó con toda la savia que nacía de la médula espinal. Yo no estaba ya de pie. Muchas pensionistas de la casa me sostenían. Por todas partes, a derecha e izquierda, sólo había carne desnuda. Las damas me cubrían de besos, mordisqueaban los botones de mis senos mientras Ferry, siempre en pie tras de mí, me apretaba en sus brazos.

Al final acabaron dejándonos tranquilos. Ferry me estrechó una vez más; luego me ofreció el brazo para pasar a otro cuarto. «¡Sobre el trono! ¡Sobre el trono!», gritaron varias voces. En el centro de la sala habían levantado una especie de tribuna, con un diván recubierto por una espesa cortina de terciopelo rojo y coronado por un baldaquino púrpura. Allí quisieron llevarnos triunfalmente para atestiguarnos que habíamos ganado el primer puesto entre los combatientes de amor. Ferry declinó en mi nombre tanto honor. Dijo que, si se lo permitíamos, preferiría tomar un refrigerio; con lo cual, la dama que estaba disfrazada de Venus nos llevó al bufet, en la sala de banquetes, donde la mesa no estaba aún preparada.

–¿Acaso no hay un gabinete sombrío donde mi Titania (pues me llamaba así, princesa de las bellas, por mi traje) pudiera reposar un instante?

–Resi-Luft debe de tener muchos –respondió Venus–. Le diré que abra uno.

Se alejó y regresó rápidamente, acompañada por la anfitriona. Estallamos en carcajadas al verla. Resi-Luft había seguido nuestro ejemplo; estaba completamente desnuda. Era vieja, gorda, llena de grasas, la réplica de esa reina de las islas del Sur, la célebre Nomahanna. ¡Oh, esas oscuras masas de carnes rojizas y esa selva virgen bajo el vientre! Pero era aún apetitosa, y comprendí que encontrara hombres deseosos de disfrutar de esos encantos y hundirse en ese mar de carnes.

Nos abrió un gabinete próximo a la sala de danza. Podíamos seguir la voluptuosa bacanal por la puerta abierta. Algunas parejas bailaban aún; otras preferían una ocupación más seria. Escuchábamos el murmullo de las voces, el ruido de los besos, el jadeo de los hombres y los suspiros voluptuosos de las mujeres. Ese espectáculo me excitaba. Estaba sentada sobre las rodillas de mi amante, rodeándole el cuello con un brazo. Algo duro y caliente me golpeaba las nalgas. Era su infatigable miembro.

–¿Vas a empezar de nuevo? –le dije, colmándole de besos.

–¿Por qué no? –dijo él sonriendo–. Pero querría cerrar la puerta. Quítate la máscara, para que lea la voluptuosidad en tus rasgos. ¿Puedes negármelo?

No era el déspota, el tirano que yo había creído. Era tan dulce y cariñoso como un pastor. Cerré la puerta, corrí los cerrojos y me lancé sobre la cama. Abrí los muslos, me apoyé sobre los codos y esperé a mi caballero, que no vaciló un instante en enfilarme su lanza. Ahora no nos molestaba nadie. Sólo le veía a él y él sólo me veía a mí.

¿Seré capaz de deciros lo que sentí? No. Debe bastaros saber que hicimos tres libaciones consecutivas a los dioses del amor. No puedo expresaros la voluptuosidad de tenerlo para mí sola. Cuando la crisis se aproximaba sus ojos se quedaban fijos y adoptaban una expresión salvaje de voluptuosidad; mis ojos se turbaban también y caíamos ebrios de amor, pecho contra pecho, vientre contra vientre, enlazados brazos y piernas como serpientes. Al final él se puso de lado y yo estaba casi acostada sobre él; no había sacado el cetro del estuche, teníamos los ojos cerrados y nos quedamos una buena media hora adormecidos. Nos despertaron los gritos provenientes de la gran sala. Me vestí corriendo y fue él quien me colocó la máscara que ya me dejaba atrás en mi distracción. Ferry cogió mi capucha y volvimos a entrar en la sala.

La orgía alcanzaba su apogeo. Sólo se veían grupos voluptuosos de dos, tres, cuatro o cinco personas en todas las posturas imaginables.

Tres grupos eran singularmente complicados. Uno estaba compuesto por un caballero y seis damas. El caballero estaba acostado de espaldas, sobre una plancha puesta sobre dos sillas. Había ensartado a una dama con su lanza, y otra estaba sentada sobre su pecho mientras él lamía su gruta; sus manos acariciaban la hendidura de otras dos mujeres; y acariciaba a las dos últimas con los dedos gordos de los pies. Estas últimas gozaban menos; sólo estaban allí para completar el grupo, y aparentaban satisfacerse.

En el otro grupo estaba Venus, tumbada sobre un caballero que la había penetrado por delante mientras otro atacaba por detrás una abertura mucho más estrecha. Ella tenía en cada mano la verga de dos hombres situados a sus lados, mientras el quinto, un gigante de Rodas, apoyado sobre dos sillas, abría sus piernas sobre la cabeza del primero y se hacía chupar el tronco de amor. La eyaculación se produjo al mismo tiempo en los cinco varones y la mujer. Era el grupo más bello.

El tercer grupo estaba compuesto por dos mujeres y un hombre. Una dama estaba tumbada de espaldas; otra se acostaba sobre su vientre y la abrazaba estrechamente, cogidas sus caderas por las piernas de la primera. Se estrechaban voluptuosamente, se mordían, se lamían. El caballero, de porte hercúleo, hundía su lanza unas veces en una gruta y otras veces en la otra. Yo sentía curiosidad por ver cómo se repartirían su río vital. Era razonable y justo. Cuando la crisis llegó, el caballero no perdió su sangre fría y compartió el néctar con ambas. La que estaba acostada obtuvo el primer chorro.

Todos los caballeros y todas las damas que participaron en este concierto de amor habían tenido su parte. Nadie se había visto forzado a ayunar. Nadie había tomado parte en menos de dos combates. Ferry entre los hombres y yo entre las mujeres éramos los más enteros.

Venus, la condesa Bella y yo fuimos las únicas mujeres no desenmascaradas. Más tarde supe quién era Venus. Se trataba de una mujer célebre por sus aventuras galantes. Pero no quería quitarse la máscara, mientras que la condesa Bella era una verdadera furia, un demonio femenino. Gritaba a grandes voces: «¡Ven aquí, vamos, no sabes que soy una puta, una verdadera puta!». Se recorrió a todas las pensionistas de la casa; les distribuía bombones, fruta o champán. En la mesa se bebió un vaso lleno de aguardiente que un caballero le había llenado. Estaba mortalmente borracha y rodaba bajo la mesa. Resi-Luft tuvo que llevársela a un gabinete y meterla en la cama. Cerró con llave, pero Bella intentó derribar la puerta hasta que al fin cayó al suelo y se durmió. Algo más tarde dos pensionistas subieron para ver si dormía.

La encontraron vaciándose por todas las aberturas, como un tonel pinchado, y la metieron en la cama. Durmió hasta las cuatro de la tarde.

La cena fue en todos los sentidos digna de la orgía. Muchas personas se durmieron sobre la mesa. Sólo Ferry y dos o tres caballeros eran capaces de mantenerse decentemente. Los otros dejaban caer tristemente la cabeza. Después distribuyeron los premios. Ferry fue proclamado rey; luego vino el caballero que había tocado la armónica tan bien; luego otro que había distribuido muchos bombones. Mi rival, la princesa O..., a quien había encontrado en compañía de Ferry, lo conquistó del todo; quise convencerle de que bebiese hasta embriagarse, pero él se negó. Sin embargo, logré que bebiera aguardiente. La orgía terminó a las cuatro de la madrugada.

Ferry, Venus, algunas otras damas y yo volvimos a nuestras casas; los otros estaban borrachos y pasaron la noche en casa de Resi-Luft.

Por lo general, observé que las pensionistas de nuestra anfitriona se habían conducido de manera excelente. Dejaban que los caballeros las solicitasen antes de tomar parte en la bacanal. Sólo Leonie constituía una excepción; pero se contaba de ella que pertenecía a la nobleza, que era de una vieja familia vienesa, que había abandonado a sus padres para entregarse a ese infame oficio y que había venido directamente a la casa de Resi-Luft.

Ferry me acompañó a casa. Rosa estaba todavía levantada; sólo fue a acostarse cuando se lo pedí. ¿Necesito deciros que la guerra amorosa no había terminado todavía para Ferry y para mí?

5

Quizás os ha molestado que relatara con todo detalle mis aventuras en Budapest; vais a acusarme de querer demasiado a los húngaros. Algunas cosas, como las artes por ejemplo, no pueden ser patrimonio de una sola nación, y yo sitúo el amor –tal como lo practico– entre las bellas artes. Puedo por ello aseguraros que no hay un país en el mundo donde se sepa amar mejor que en Hungría. Los húngaros son quizá primitivos en muchos sentidos, pero por lo que respecta al arte de gozar son tan avanzados como los franceses y los italianos, esos grandes maestros; sí, y quizá más sabios aún.

Os lo probaré:

Poco antes de recomenzar esta correspondencia conocí a un inglés que había viajado alrededor del mundo durante cuarenta y cuatro años; había visto todos los países.

Mi amigo –pues así lo llamaré– venía de Italia. Me hizo la descripción de un pensionado de sacerdotisas de Venus en Florencia. Había allí tres húngaras; eran las más buscadas, y su precio subía de cien a cientocincuenta francos. La patrona soñaba con reformar su establecimiento, haciendo que dos tercios de las chicas fuesen húngaras. Había algunas españolas, muchas holandesas, una serbia y una inglesa que eran mucho más bellas, pero no sabían atacar a los hombres como las húngaras. Y lo mismo sucedía en todas partes; en París como en Londres, en San Petersburgo tanto como en Constantinopla, y en las ciudades alemanas, las húngaras eran las preferidas.

Pero no sólo las mujeres de ese país han conquistado la palma del amor; los jóvenes tienen también un exterior muy atractivo y maneras que cautivan. Son diferentes de los jóvenes de otras naciones, y su originalidad nos atrae. Por último, son infatigables en los juegos del amor, cuyos refinamientos conocen a la perfección; una mujer no necesita recurrir con ellos nunca a excitantes extraordinarios.

Después de todo cuanto os he dicho, no penséis que tengo una pasión exclusiva por los húngaros y las húngaras; os contaré las aventuras que tuve en otros lugares.

Vuelvo, pues, a mi historia:

Compartía mis placeres con dos personas: Ferry, que era mi amante declarado, y Rosa, que variaba mis embates.

Ferry me confesó un día no haber conocido el verdadero amor sino conmigo; y sus principios ya no eran tan sólidos, pues ahora admitía la fidelidad. Se hubiese casado conmigo, de haberlo querido yo, y me lo propuso muchas veces. Me negué, sin embargo. Tenía demasiado miedo de perder el amor al añadirle otros lazos; el matrimonio es la tumba del amor. Temía ver nuestro amor profanado por la ley y la Iglesia; el recuerdo de la vida tan bella de mis padres no me reconfortaba. Simplemente amaba, y el secreto de nuestros placeres aumentaba mi amor; Ferry compartía mis puntos de vista.

Pero yo tenía una inquietud, la de hacerme madre y perder mi puesto. Comuniqué mis inquietudes a Ferry; le hice saber también mi sorpresa al no quedar embarazada hasta entonces; con él había despreciado todas las precauciones que Margarita me había recomendado tan calurosamente y que siempre había empleado con el príncipe.

–Hay muchos otros medios –me dijo Ferry– que pocos hombres y mujeres conocen; en tu caso me he servido de uno en especial. Por lo demás, tengo el libro; se llama *El arte de hacer el amor sin miedo*. Te lo daré.

Ferry me trajo ese manual, y lo leí con mucha atención. El autor no recomienda el empleo del condón, pues sostiene que así la voluptuosidad del hombre y la mujer es mucho menor; el condón no está hecho a la medida; cuando es demasiado estrecho causa dolores al hombre, y cuando es demasiado grande forma falsos pliegues capaces de cortar como un cabello; puede también estallar. Además, el aseo de esa membrana pegajosa es una operación descorazonadora después del acto.

El autor dice que la mujer sólo puede concebir una vez entre mil si el hombre se une a ella por detrás y de pie. La cabeza de la verga no está exactamente frente al clítoris, y la simiente se derrama por la vagina pero no penetra por la pequeña abertura que tan bien se abre cuando la mujer eyacula su savia.

Recordé que Ferry me atacaba casi siempre en esa posición. ¿Lo hacía a propósito? Si a veces me tomaba por delante es porque antes habíamos gozado dos o tres veces por detrás.

Yo había adivinado que la orina neutralizaba los efectos de la semilla masculina. Ferry, que no siempre tenía confianza en la posición trasera, empleaba a menudo este medio, lo cual aumentaba aún más mi goce.

El autor añade que la formación de la semilla exige cierto tiempo para ser fecundante. Tras una segunda eyaculación la savia carece ya de consistencia. Hace una distinción entre el esperma del hombre y su simiente, diciendo que no hay diferencia entre el esperma masculino y el femenino; que no es la semilla quien causa la voluptuosidad, sino el esperma, pues en otro caso la mujer –que carece semilla– carecería de dicha. Cosa inexacta, pues la voluptuosidad de la mujer es mucho más intensa que la del hombre, justamente porque carece de semilla. La continuación de esta explicación era demasiado erudita, y no la comprendí bien. Nosotros dos hablamos una vez de ese tema; vos también pretendíais que tras varias eyaculaciones el hombre carece ya de simientes; por eso se multiplican mucho más los pueblos fríos que los calientes y apasionados. Los húngaros, los franceses, los italianos, los orientales y los eslavos del sur tienen muchos menos hijos que los pueblos del Norte, y especialmente que los alemanes. El matrimonio es más fértil que el concubinato, la clase proletaria es más fértil que la aristocracia. (Más tarde leí a Klinkossols y Venette; todos esos autores son de la misma opinión.)

El autor recomienda muchos medios como recursos eficaces; uno entre otros es éste: al acercarse la crisis, el hombre debe retirar su puñal del estuche y derramar su simiente sobre el vientre o los muslos de la mujer. Pero ¿qué hombre será lo bastante dueño de sí para hacerlo cada vez? Además, no es la voluptuosidad más alta, porque la meta de los amantes es sentir ese choque eléctrico que produce la descarga de la semilla y que resuena en el corazón de la mujer. Detestaría al hombre que se condujera así.

Me acuerdo de dos preventivos muy simples que yo empleaba siempre después en vez del condón, verdaderamente demasiado grosero: la bola de plata y la esponja.

Una bola de plata maciza con un pequeño anillo provisto de un elástico se introduce en la gruta de la voluptuosidad; como es pesada, cae al fondo y cierra la abertura del clítoris, impidiendo que la semilla pase; es mucho más práctico que el condón y, además, es excitante, porque cada vez que la bola es empujada por la flecha del amor, se hunde un poco y proporciona un cosquilleo muy agradable. Si es pesada y pulida es casi imposible que la flecha del amor la desaloje de su posición; los riesgos son mínimos. Además es fácil retirarla por razones higiénicas gracias al elástico.

El empleo de una esponja se deriva del mismo principio. La esponja debe ser lo bastante grande como para tapar todo el orificio del templo de las voluptuosidades, al efecto de no poder ser desplazado, pero no necesita ser espesa; la mujer no puede concebir porque la esponja absorbe toda la semilla del hombre y apenas si se humedece la vagina.

Estos medios son particularmente seguros cuando la verga no es demasiado larga y no alcanza el fondo de la vagina. La esponja tiembla con cada movimiento del hombre y excita las partes más sensibles en el interior de la gruta; para aumentar esa voluptuosidad podemos untar la esponja con una capa de cera que haga áspera su superficie.

Esto me recuerda a una dama incapaz de encontrar un hombre que la saciara. Un oficial amigo suyo se coronó el glande con un anillo de caucho que ocultó bajo la piel del prepucio muy hábilmente; el oficial hundió su miembro así armado en la gruta de la dama. El caucho dentado frotó de tal modo que quedó toda ensangrentada. La voluptuosidad era violenta pero dolorosa. Por desgracia, sólo pudo servirse raramente de ese medio, porque quedaba toda escocida.

El libro indicaba además toda una serie de medios para abortar. Pienso que los conocéis todos. En Hungría se usa sobre todo una cocción con aguja de sabina *(Juniperus sabina, creo)*. Todos los campesinos la usan, pero es peligroso; conozco muchos casos de envenenamiento.

Pero volvamos a mis aventuras. Tranquila, gracias a mis precauciones, me entregaba completamente a los placeres. Sólo amaba a Ferry. Él era muy prudente; nadie sospechaba nuestras relaciones, y mi reputación no sufrió.

Rosa era quien tenía más razones de queja. Ferry no le dejaba gran cosa. Sólo muy raramente tenía una noche libre. Como yo ignoraba los celos, me preguntaba si no me daría un gran placer empujarla a los brazos de Ferry. La desfloración con ayuda del consolador no había sido completa; la membrana había vuelto a crecer y era de nuevo virgen. Me vais a reconvenir como médico, pretendiendo que es imposible; pero puedo certificaros que algunos meses después de la escena del consolador, un día en que quería meterle el dedo en la vulva, encontré un obstáculo; le dije que se acostara y examiné su gruta con la lámpara en la mano. Ella abrió los muslos y vi una entrada toda redonda, de paredes muy poco elásticas; eso me recordó la presentación de una virgen en el panóptico de la plaza de San José, durante la feria de Budapest... Soy profana, os cuento lo que vi; no lo explico.

Pregunté a Rosa si la haría feliz tener un amante como Ferry. Ella respondió que mientras me tuviese no querría hombre, y que si debía sacrificar su virginidad a un hombre sólo lo haría por mi placer. Ferry no le parecía más deseable que cualquier otro elegido por mí.

Ferry me había pedido a menudo que me entregase a un hombre ante sus ojos; yo no podía consentir. Debo confesar que sospechaba por entonces en él ganas de abandonarme y búsqueda de razones a tal efecto. No me atrevía a creer que gozaría con ese espectáculo. Ferry me citó muchos ejemplos que pertenecen a la historia (Gattamelatta, o el héroe veneciano sólo copulaba con su mujer después de que ella se hubiese abandonado a las caricias de otro hombre...). Decidimos que Ferry enseñaría el amor a Rosa y que luego yo haría lo mismo con un joven.

Me costó mucho convencer a Rosa. Se echaba llorando en mis brazos, diciendo que ya no la amaba. Tuve que ser resolutiva para probarle lo contrario. Besé y chupé su hendidura, le mordí los botones de los senos; acabé excitándola tanto que jadeaba. Ferry me ayudó a desvestirla, y pronto quedó desnuda entre nosotros. Ferry la besó y luego acarició su gruta –que desbordaba espuma– con su flecha del amor. Había llegado el momento. Ferry la llevó a la cama y puso almohadones bajo su trasero; ella abría involuntariamente los muslos, y él se arrodilló entre ellos. Ella había cerrado los ojos y temblaba de pies a cabeza. La golfa de ella no quería reconocer cuánto esperaba ese placer. Me arrodillé sobre la almohada, y su cabeza quedó bajo mi vientre. Ella me apretaba con su mano izquierda mientras su derecha estrechaba a Ferry, a quien yo enseñaba el culo. Él me acariciaba detrás con su lengua, mientras Rosa lamía mi gruta. Esas dos lenguas que me devoraban me hacían casi desfallecer. Cuando él desgarró su virginidad, ella me mordió violentamente. También ese dolor era voluptuoso. Rosa y yo no podíamos evitar los gritos que expresaban nuestras emociones. Sólo Ferry permanecía mudo.

Rosa se agitaba tanto que Ferry tuvo dificultades para conservar la posesión de la gruta voluptuosa; se erguía, gemía, luego profería ruidos guturales lascivos o dejaba escapar un murmullo dulce como el de las palomas. La doble caricia de las lenguas era tan pronunciada que excitó también mi bolsa urinaria; por otra parte, había bebido mucho durante la cena. Mi fuente se desbordó. Rosa y Ferry se repartieron esa oleada espumosa y, por simpatía, soltaron sus aguardientes. Estábamos sumergidos en un inmenso charco que goteaba desde las sábanas. Eso acrecentó nuestro placer y eyaculamos una oleada de savia perfumada casi tan impetuosa como la primera. Estábamos el uno sobre el otro; el uno en el otro; nuestros cuerpos ardientes humeaban; hundí la nariz bajo la axila de Rosa. Estaba más ebria que si hubiese bebido mucho. Nuestro éxtasis fue infinito.

Recuperamos las fuerzas poco a poco y dejamos la cama mojada. Ferry nos aconsejó que tomásemos un baño. La bañera estaba lista. Desde que estaba en Budapest, yo tomaba todos los días un baño caliente. Era mi único lujo. Los tres nos sumergimos en el agua caliente, cosa que nos reanimó al momento. Ferry era un maestro del amor; conocía todos los medios para renovar el goce. Al salir del agua, Rosa y yo quisimos secarnos, pero Ferry nos lo impidió. Nos dijo que nos diésemos jabón y luego aceite. Nuestros cuerpos se hicieron resbaladizos como anguilas. Yo me incliné luego sobre la bañera y él levantó a Rosa sobre su espalda; ella estaba así colgada, con el rostro vuelto hacia él. Él sorbía la gruta mientras me atacaba por detrás, al modo de los pederastas, porque no hundía su lanza en mi gruta de la voluptuosidad sino en una abertura vecina. Había untado antes las paredes con aceite, y penetró mucho más fácilmente de lo que yo hubiese creído; con todo, me hizo algo de daño. Nunca había probado de ese modo. Mientras estaba ocupado por detrás me metía ambas manos en la hendidura. Sus dedos exploraban mi interior y yo sentía que sólo una piel muy fina los separaba de su cetro amoroso. La voluptuosidad era más fuerte que el dolor; estaba encantada. Rosa se había deslizado; se sujetaba con las piernas alrededor de mi espalda. Su templo del amor estaba delante de mi boca. Metí el dedo índice de la mano izquierda en su culo, el índice de la mano derecha acariciaba la parte superior de su hendidura, mientras con la lengua penetraba lo más dentro posible. Este juego es exquisito. La crisis se produjo en los tres al mismo tiempo; mucho antes se habría producido si Ferry hubiese perdido su sangre fría, pero él se conservaba dueño de sí, se detenía, sacaba la flecha del carcaj, se arrodillaba y paseaba la lengua por allí donde me había brutalizado tanto. Cada vez que recomenzaba el asalto, sentía yo un dolor agudo que pronto se transformaba en la más dulce voluptuosidad. Fue así como recomenzó cuatro o cinco veces hasta que desfallecimos de embriaguez. La fuente de Rosa se había desbordado dos veces, y los dos bebimos ese líquido lechoso con ardor. Desgraciadamente, acabó secándose, pero yo hubiese querido beber de ella eternamente. La oleada de Ferry inundó mi interior. En el mismo momento me abrí violentamente, y él se llevó las manos a los labios para beber ávidamente lo que acababa de recoger.

No recuerdo haber disfrutado después una voluptuosidad tan amable. En lo que me quedara de vida recordaría ese juego. Nos acostamos en la cama de Rosa, porque la mía estaba inundada. Ferry estaba entre nosotras dos, apretado por ambos costados.

Después de esa noche ya no comprendí en absoluto los celos de las mujeres. Me parece mucho más razonable y natural que esas cosas no acontezcan, como en los países civilizados. El goce aumenta con la presencia de una tercera persona; la copulación y la voluptuosidad no tienen por objeto la perpetuación de la especie; el fin de la naturaleza es la voluptuosidad.

Desde la mañana siguiente Ferry me recordó mi promesa. Me prometió que nadie lo sabría. Pero era necesario acompañarle en un viaje.

Era primavera y el tiempo estaba radiante. Ferry me dijo que dejaríamos Budapest al día siguiente. Pasó todo ese día conmigo. Como ya había hecho las visitas de despedida, todos pensaban que había partido tres días atrás. Yo tenía un mes de vacaciones. Quería ir a Presburgo, a Praga, y volver por Viena, donde pensaba dar algunos recitales. Contaba con estar de vuelta para julio.

Dejamos Budapest un domingo a las dos de la madrugada. Evitamos tomar el tren o el barco de vapor; empleamos el coche de Ferry y la diligencia. Llegamos a Nessmely hacia las ocho. Dejamos entonces la carretera general; tras haber atravesado Igmand, llegamos hacia mediodía al famoso bosque de Bakony. Entramos en un albergue situado en el centro del bosque. La mesa estaba ya preparada para nosotros. Había algunos hombres de aspecto siniestro en el patio y en el salón del albergue. Pensé que se trataba de ladrones y estaba algo inquieta. Ferry conversaba con ellos en húngaro. Le pregunté quiénes eran, y él me respondió que pobres diablos. Añadió que nada debía temer. Por la tarde volvimos a nuestro carruaje; nos precedían cinco hombres a caballo.

Ya no avanzábamos tan rápidamente. El camino estaba en malas condiciones, y nos vimos forzados a continuar un trecho a pie. Por último llegamos a lo más espeso del bosque. Ferry me suplicó que diese un pequeño paseo; el carruaje se dirigió hacia una casa que se divisaba entre los árboles y que tenía aspecto de albergue. Los bandidos iban delante de nosotros separando la maleza. Al cabo de una hora dos hombres vinieron a nuestro encuentro; uno tenía entre treinta y cuatro y treinta y cinco años, con cuerpo de Hércules y un rostro salvaje aunque proporcionado; el otro era un adolescente de veinte años, bello como Adonis. También ellos formaban parte de la banda. Ferry me los presentó; luego me dijo que yo iba a disfrutar del amor con esos dos hombres; que no debía temer nada de ellos, que no me conocían en absoluto y que carecían de relación con el mundo exterior.

Nos detuvimos en un claro. Lo atravesaba una fuente bastante ancha y profunda. El hombre hercúleo se desnudó enseguida, mientras el joven se sonrojaba y vacilaba; siguió el ejemplo de su camarada cuando Ferry se lo ordenó perentoriamente. Yo me desnudé lentamente. Ferry me dijo que debía dar libre curso a mis sensaciones, que le daría tanto más placer cuanto más apasionada fuese. Yo conocía sus pensamientos como si los hubiese leído. Quería darle placer y decidí ser muy disoluta. Llamé a los dos hombres. Les dije que los quería totalmente desnudos. Los atraje hacia mí por la cola... El champiñón del joven se transformó inmediatamente en una rama de roble cuando lo toqué; se levantaba hasta el ombligo. El gigante ereccionaba ya cuando se desnudó. Cuando yo estuve completamente desnuda cogí la lanza del joven en la boca y le acaricié la pequeña abertura del glande. Apenas lo había tocado mi lengua cuando recibí una descarga ardiente en la boca y hube de apresurarme a tragar para no perder una gota, de tanto como había. El gigante me cogió por las caderas y me levantó; mis nalgas tocaban su vientre y, sin que yo le mostrase el camino, su lanza encontró inmediatamente mi concha; creí que iba a penetrar hasta el corazón, de tan larga como era. Sus golpes eran lentos, mesurados, potentes; a cada sacudida pensaba que me desvanecería. No solté la flecha del joven: la chupé tanto que volvió a erguirse.

–¿Gozas? –me preguntó Ferry, que no se había desnudado aún.

Como yo tenía la flecha de Ralmann (nombre del bandido joven) en la boca, sólo le respondí con los ojos. Debían de estar desorbitados de voluptuosidad, porque mis exclusas se abrieron de par en par. Inundé la maza de mi gigante con el néctar más precioso que brotaba de las fuentes del placer más alto. Él proseguía sin fatigarse. Se esforzó durante una buena media hora antes de sentir que la crisis se aproximaba.

–¡No le hagas un hijo! –gritó Ferry riendo.

–¡Pierde cuidado! ¡Allí donde quiero terminar nadie ha puesto encinta a mujer alguna!

Y diciendo estas palabras retiró su flecha indomable de mi concha y creí morir de dolor cuando la hundió allí cerca, en mis entrañas. Le bastaron dos sacudidas y dejó escapar el jugo de sus riñones. Su chorro duró un largo minuto; así se compensaba. Al final retiró su dardo, que estaba todo ensangrentado. Se trataba de mi sangre, porque me había desgarrado la piel; me era imposible sentarme, y apenas podía andar. Él me llevó al arroyo y lavó mi herida con sus dedos. Eso me alivió, pero me resultaba imposible dar un paso. Lamentaba vivamente no poder dar nada al joven, y le di un poco de placer con la lengua.

Me quedé una hora en el agua. El gigante me tomó entonces en sus brazos y tres hombres empezaron a vestirme. Me llevaron enseguida a la cabaña, donde Ferry me acostó en una cama.

¿Puedo contaros cómo se desarrollaron los tres días que pasé en ese bosque? Ferry tenía vacaciones. Yo cambiaba todos los días de amante. Había nueve bandidos. El tercer día celebramos una gran orgía, con campesinas, mujeres y muchachas que habían venido. Agripina habría envidiado nuestras saturnales. Esas labriegas eran tan refinadas, diestras y voluptuosas como las damas de la aristocracia de Budapest.

Tuve tiempo de descansar durante mi gira. Rosa me acompañaba. Ferry me dejó tras tiernos adioses. Era tiempo de recobrar fuerzas, porque más excesos me habrían matado.

Nada tengo para contaros de los dos años que pasé todavía en Budapest, ni de mi contrato por un año en Praga. Aprendí a valorar el refrán francés: «La divisa de los amores es ni jamás ni siempre».

6

Había cumplido veintisiete años. Mis padres habían muerto en el intervalo de una semana, arrastrados por una epidemia. Estaba sola en el mundo, por así decirlo. Había perdido de vista a mi familia. Mi vieja tía, en cuya casa viví en Viena al debutar en el teatro, fue quien duró más; murió un año después de dejar yo Budapest. Ese primo del que os hablé había seguido la carrera militar. Había perdido la mala costumbre de su infancia y se había convertido en un libertino tal que sus excesos le mataban. Por esta parte, no había tenido mucha suerte. Pero hube de soportar algunos disgustos más. Perdí a mis dos primeros amantes. Arpad A... hubo de ir a Constantinopla, donde tenía un empleo en la embajada, y Ferry emigró a América. Sólo me quedaba Rosa para recordar las gozosas jornadas pasadas en Budapest.

No quiero hablaros de mi carrera artística; eso no os interesa; y si quisierais conocerla os bastaría abrir los periódicos, cosa que habréis hecho sin duda.

En una gran ciudad alemana conocí a un empresario italiano que me había escuchado cantar en un concierto y en una ópera. Me visitó y me propuso seguirle a Italia. Yo hablaba el italiano perfectamente. Él me dijo que para poder competir con las célebres cantantes italianas sólo me faltaba la costumbre de los inmensos escenarios de La Fenice, La Scala y San Carlo. Si triunfaba en Italia, mi porvenir estaba asegurado, tendría la gloria. Mi debut debería hacerse en el teatro Pergola de Florencia. No dudé mucho; firmé un contrato por dos años. Percibiría treinta mil francos y dos veladas en mi beneficio.

En Italia arriesgaba menos que en los demás lugares donde había cantado antes. Nadie se ocupa allí de la conducta de una mujer soltera. Esa virtud femenina tan preciada en el resto de Europa carece de valor alguno en Italia. Allí se exigía más bien de las mujeres casadas. Yo lo encuentro muy razonable. Cuando una dama que ha conocido ya todos los matices del amor quiere casarse, los italianos no se ocupan de su vida pasada, no son tan escrupulosos. Ningún hombre cuenta con la virginidad si su prometida tiene más de quince años. A los veintisiete, yo alcanzaba el apogeo de mi belleza. Todos los que me habían conocido en Viena o en Frankfurt me aseguraban que a los veintidós años era menos bella.

Tenía una naturaleza robusta y poderosa. Mi temperamento era fogoso; pero era capaz de dominar mis deseos cuando veía que los placeres del amor atacaban mi salud. En Frankfurt había pasado dos años de castidad; tras abandonar Budapest restringí incluso las relaciones con Rosa. Ella no me provocaba jamás. Parecía compartir todos mis sentimientos. Nuestro acuerdo era tan perfecto como el de dos gemelos siameses. Yo llevaba un diario. ¿Cómo habría podido en otro caso contaros mi vida en todos sus detalles? Hojeándolo, descubro que después de mi relación con Ferry, que duró seis meses, compartí mis placeres homosexuales con Rosa sesenta y dos veces en el espacio de cinco años. Es el «non plus ultra» de la templanza, ¿verdad? Y durante esa época no concedí el menor favor a un hombre. Estaba sana, vivía bien, cuidaba mi cuerpo y no cometía ningún exceso.

En Florencia conocí a un hombre muy interesante, un inglés del que ya os hablé. Ya no era joven; tenía cincuenta y nueve años. Podía hablar de todo con él; era un epicúreo perfecto y estudiaba la naturaleza humana; sus opiniones armonizaban con las mías. Gracias a él aprendí a conocerme mejor. Él me explicó muchas cosas que yo ignoraba. Sabía, ya de tiempo atrás, que la naturaleza de la mujer es completamente distinta de la del hombre, pero no había logrado adivinar por qué. Él me dio las razones fisiológicas y psicológicas. Su filosofía era simple y clara; era imposible debilitar sus principios, basados en la razón. No era en absoluto cínico; en la sociedad era considerado un hombre muy moral, aunque no fingiese ninguna virtud. Me hacía la corte dulcemente, no para lograr lo que todo hombre codicia sino porque yo era capaz de escuchar y comprender sus palabras. No obstante, observé que le habría hecho muy feliz poseerme físicamente. Es natural. No soy un Narciso femenino, pero soy consciente de mis cualidades físicas y espirituales. Me basta mirarme en el espejo y comparar mi belleza con la de otras mujeres. Vos mismo me habéis confesado que nunca habíais visto un cuerpo de mujer tan bien proporcionado como el mío (y eso muchos años después de mi relación con sir Ethelred Merwyn).

Me espoleaba escuchar continuamente al inglés cantando mis alabanzas sin intentar atacar mi corazón u otra cosa (digo corazón por eufemismo). Mi coquetería era vana. Él me lo había explicado todo, pero yo quería saber por qué era tan estoico conmigo.

Un proverbio dice: «Si la montaña no viene hacia Mahoma, Mahoma debe ir hacia la montaña». Sir Ethelred era la montaña, y yo necesitaba ser el profeta si quería obtener mi explicación.

—Pero yo os permito todo, sir Ethelred —le dije una vez—, y vos jamás sobrepasáis los límites de la más estricta amistad cuando me hacéis la corte. Habéis sido un gran Lovelace, como me dijisteis; sé incluso que seguís haciendo más de una conquista.

—Os equivocáis, señora. No hago ya conquistas —me respondió sir Ethelred—. No consideraréis conquistas lo que un viejo como yo cambia por oro.

—No hablo de las casquivanas y otras mujeres ligeras. Sólo contestáis a parte de mi pregunta. ¿Acaso me tomáis vos por una coqueta sin corazón, que se enorgullece de encadenaros a su carro triunfal? ¿Pensáis que no podéis inspirar amor a una mujer de mi edad?

—Creo que es posible. Pero si me concedieseis vuestros favores sería por piedad y no por amor. Sería cuando menos un deseo malsano. Sólo habéis conocido a hombres jóvenes. Queréis ponerme en ridículo.

—Sois injusto con vos y conmigo. Os conté ya cómo conocí a un hombre que desdeñaba toda conquista, que no venía a ofrecerse voluntariamente. ¿Sois vos tan vanidoso y exigís algo semejante de la mujer? Pero nada arriesgáis recibiendo una respuesta desfavorable, porque podéis cargarla a la cuenta de vuestra edad. En cambio, una mujer se siente muy humillada si jugáis con ella el papel del casto José. Demasiada timidez y demasiada modestia no le van a un hombre.

—Pero le va menos todavía hacer que digan de él que es un viejo fauno.

—Vos sois todavía un hombre apuesto, y poseéis cualidades que hacen olvidar vuestros años. Veamos. Si, despreciando los prejuicios de mi sexo, yo os dijera que podéis esperar y exigir todo de mí, ¿no os decidiríais a aceptar esos favores inesperados?

—Es imposible. No lo haréis jamás.

—En todo caso, podéis decirme si me rechazaríais. ¿Sí o no?

—Loco habría de estar para rechazaros; aceptaría —dijo sir Ethelred.

—Pero me despreciaríais desde el fondo de vuestro corazón, como a un hetaira o a una Mesalina.

—En absoluto. El gusto y los caprichos de una mujer son insondables. Os amaría, y ese amor me haría el más dichoso de los mortales.

Se contradecía abiertamente con lo que acababa de afirmar. Yo me había acercado a él, le puse la mano sobre el brazo y le miré con tanta dulzura que hubiese debido ser de piedra para resistir. Detesto la coquetería cuando no es un arma de conquista o de venganza. Sir Ethelred había sido siempre mi amigo, no tenía ninguna razón para vengarme. Tampoco quiero decir que lo amase; pero era posible que ese sentimiento fuese despertado por relaciones más íntimas. Le empujé tanto que olvidó todos sus principios, cayó a mis pies, besó mis rodillas y se hizo más emprendedor. No opuse ninguna resistencia; le dejé hacer. Me abrazó con la mano derecha, llevó la izquierda bajo mi vestido y acercó su cara a la mía. No esperé siquiera su primer beso; se lo di yo. Al mismo tiempo abrí los muslos y adelanté el vientre, para que encontrase sin esfuerzo el templo de las voluptuosidades. Esos preliminares me habían excitado, y encontró una gruta enteramente húmeda y caliente. Él no decía palabra; suspiraba, y una lágrima le brillaba en el ojo. No parecía creer aún en su felicidad. Me escapé entonces de sus brazos y fui a cerrar la puerta. Luego le dije que sería mejor ir a la cama, que debía desnudarse, pero que antes debía ayudarme a mí para eso mismo. Habríais debido contemplar a mi inglés cuando me vio desnuda. Creía soñar. Se arrodilló ante mí y besó cada rincón de mi cuerpo. Me encantaba verle tan feliz. Me puse a desnudarle, cosa que él no quiso permitir; pero cedió cuando le dije que me daría mucho placer.

Yo no comprendía por qué había sido tan tímido conmigo. Su cuerpo seguía siendo bello, su flecha se erguía orgullosamente, su piel era fina, lisa y blanca, sin la menor pátina amarilla; al contrario, tenía reflejos rosados. Me metí en la cama; él estaba todavía arrodillado ante mí y besaba mi gruta de voluptuosidad, que al contacto de su lengua se abrió, impaciente por recibir a su huésped. Sir Ethelred sabía también que sólo la primera eyaculación es peligrosa, porque retiró su miembro. Me abrazó con fuerza y descargó a un costado.

–¿Dudáis aún? –dije yo tiernamente.

–Creo soñar. No osaba esperar dicha semejante. Aún no lo comprendo. Soy vuestro esclavo, no os negaré nada.

Sir Ethelred había hecho más de una invasión en el dominio de los dioses del amor. Pasó un buen rato antes de que recobrase sus fuerzas. Le ayudé con los dedos y la boca, hasta que al fin su amor estuvo de nuevo en forma. No quería que me abandonase a medio camino, y por eso no le dejé recomenzar inmediatamente. Por último, cuando vi que su deseo era casi doloroso, me ofrecí en sacrificio. Él se tumbó de espaldas esta vez. Yo me situé sobre él. Le sujetaba ambas manos y excitaba su flecha con mi gruta, porque me frotaba contra ella sin dejarla entrar. El pobre hombre cerraba los ojos, jadeaba, suspiraba y, cuando menos se lo esperaba, me dejé caer sobre su cetro. Él abrió inmediatamente los ojos. Pero yo me alcé, su amor se salió y hubo de ponerse a empujar en mi búsqueda. Me entretuve así algunos minutos, y luego los movimientos se hicieron más regulares. Yo me aplicaba en hacer funcionar los músculos de mi gruta, aunque a veces su flecha quedaba presa, cosa extremadamente rara y muy apreciada entre los hombres. No había obrado mal inflamándolo así, pues en otro caso me habría quedado a medio camino. Sentí que la crisis se aproximaba y apresuré mis movimientos para acelerar en él la apertura de las esclusas. Al final llegó la crisis. Sus ojos se quedaron extrañamente fijos; sus movimientos se precipitaron; me pellizcaba voluptuosamente las nalgas y me mordía la espalda, dejaba escapar un ruido ronco. Recibí su chorro antes de que mi fuente desbordase; pero dos segundos después él recibió mi chorro en revancha. Yo estaba casi desvanecida de voluptuosidad. De repente volví en mí; la rigidez e inmovilidad de mi amante me aterraba.

Al principio creí que le había matado un ataque. No respondía a mis preguntas. Le puse la mano en el pecho, que latía aceleradamente. Di una sacudida hacia atrás, y el puñal salió de su funda; se había aflojado a medias y algo húmedo corría a lo largo de mis muslos. Cogí un vaso de agua de la mesilla y le mojé el rostro y la espalda. El agua helada lo despertó. Se incorporó, miró el cuarto, me abrazó violentamente y besó mi espalda ensangrentada, que él había mordido. Estaba muy intimidado, y le calmé. Nos vestimos. Su aparato parecía decir que no tenía bastante, porque se levantaba debajo de la camisa; si lo hubiese excitado, habría aceptado una tercera liza de amor. Tengo entendido que ciertas personas pueden sufrir un ataque en tal situación, lo cual ocurre con más frecuencia entre los hombres que entre las mujeres. Debe de ser terrible apretar un cadáver entre los brazos.

Sir Ethelred parecía haber adivinado mis pensamientos. Tras bajar al jardín hablamos del asunto.

–Dios mío, ¿no sabéis a qué aberraciones lleva una pasión excesiva? Hay muchos casos de hombres que han violado cadáveres. No estaría condenado por la ley si no aconteciera. No sé si antes era más frecuente que hoy; pero sigue aconteciendo actualmente. Durante las guerras napoleónicas esa pasión tuvo incluso serias consecuencias para la víctima. Pocos días antes de la batalla de Jena, un oficial se alojó en casa de un pastor protestante. La hija del pastor acababa de morir, y el médico a su cuidado terminaba de firmar el certificado de defunción. Pero no era sino un caso agudo de catalepsia. La muchacha debía ser enterrada después de partir los franceses. Seducido por la belleza del cadáver, el oficial la violó. La electricidad de la copulación despertó a la joven, que llegó incluso a concebir. Sus padres se llevaron la agradable sorpresa de encontrarla despierta a la mañana siguiente. Ella dio a luz una criatura robusta y bien hecha, sin conocer siquiera al padre de su hijo. La cosa se explicó muchos años más tarde, cuando el oficial volvió a la aldea. El asunto hizo mucho ruido. Los señores franceses tenían muchos casos semejantes en la conciencia. Cuando alguno era sorprendido en flagrante delito, se excusaba diciendo que lo había hecho por pura humanidad, para resucitar a la joven. Naturalmente, ninguno lo conseguía, porque esos casos de catalepsia son excesivamente raros y el medio no siempre es eficaz. La violación de cadáveres sigue siendo frecuente; es practicada por personas de la aristocracia más que por el pueblo. Entre todas las historias que conozco, voy a contaros la del ministro austríaco, el príncipe de S...

»Se hacía llevar todos los muertos del hospital a su apartamento, diciendo que era para hacer estudios anatómicos, porque era diletante de la medicina. Los médicos descubrieron que violaba a los cadáveres, porque una vez el cuerpo de una virgen no volvió a entrar intacto en el hospital.

»Esta pasión es muy peligrosa para quien se entrega a ella; puede ser incluso mortal. Los venenos que segregan las entrañas de un cadáver son muy violentos. Si el miembro viril tiene una escocedura o una minúscula pústula, el violador debe ser excesivamente prudente. Esa prudencia debe ser aún mayor en los países calientes, donde los cadáveres se descomponen antes. Este vicio está muy extendido en Italia; el clima es muy enervante, y el italiano hace uso de todo para apaciguar sus pasiones. El onanismo, la sodomía y la violación de cadáveres están aquí muy desarrollados. Sí, se asesina por encargo y las víctimas palpitantes son llevadas a degenerados que se aplacan inmediatamente. El proceso a un fabricante de salchichón ha sonado mucho en estos últimos tiempos. No se limitaba a asesinar a sus víctimas, sino que las violaba antes o después. Cuando se ejecuta a una mujer en Italia, cosa no muy rara en los Estados de la Iglesia, podemos estar seguros de que su cadáver será violado en las siguientes veinticuatro horas; así, maridos que no habían sido cornudos mientras su esposa estaba en vida lo son después de muerta. Esto acontece en Inglaterra y Francia igualmente, sobre todo en Londres, donde la policía es muy débil y está mal organizada. El crimen mayor que el hombre puede cometer es mutilarse a sí mismo; ¿sabíais que la ley lo castiga?

Lo que me contaba sir Ethelred me llenaba de horror. Todos esos crímenes le dejaban indiferente. Según él, la automutilación y la violación de cadáveres sólo eran hábitos peligrosos si perjudicaban a quien se entregara a ellos. La ley no debería prohibir la automutilación, la violación de cadáveres ni el suicidio, o más bien su tentativa; la ley sólo castiga los actos que atacan la voluntad, la salud o el bien de los otros.

Todo cuanto me contaba me hacía temblar; esos crímenes eran demasiado lúgubres. No podía creerlo.

–Me sería fácil convenceros de la veracidad de mis palabras si no temiese veros cambiar de sentimientos en cuanto a mí. Me bastaría llevaros a los lugares donde estas cosas acontecen.

–¿Cómo? ¿Aquí en Florencia?

–No. Aquí no. En Roma –me respondió sir Ethelred–. Iréis como de gira.

–Bueno. No os prometo que mi amor no se resienta

y que tenga fuerza suficiente para asistir con calma a tales cosas. Pero debéis asegurarme que no habré de tomar parte activa, y que no se producirá un asesinato delante de mí. Tampoco querría ver esas torturas que mutilan para siempre a las víctimas. Estas últimas deben ofrecerse voluntariamente, pues no querría asistir a los horrores descritos en el libro de Sade.

Una pasión malsana y febril se apoderó de mí; estaba inquieta, y Dios sabe dónde me habría llevado si los actos que iba a ver pronto no me hubieran alejado de esas ansias. Os lo contaré todo; espero que no me condenéis. Si alguna vez nos encontramos, me explicaréis esas cosas.

El tiempo pasaba muy deprisa en compañía de un hombre tan galante. Éramos muy moderados en cuanto al amor. Él estaba siempre dispuesto a nuevos juegos, pero yo temía demasiado que su fuente se secara rápidamente. Le quería demasiado para no querer ahorrarle esa humillación.

Fuimos a Roma y al tercer día sir Ethelred cumplió su palabra. Hubo de pagar una suma inmensa para poder contentar mi curiosidad. La noche anterior se habían celebrado ejecuciones. Un bandido de los Abruzzos y su mujer, una persona encantadora, fueron ahorcados en Piazza Navona. Sir Ethelred había alquilado una ventana próxima a la horca. Con unos pequeños gemelos podía ver todos los movimientos musculares del rostro de esos desgraciados; yo sufría cruelmente. No podía olvidar esos dos rostros de espanto. Sir Ethelred leía mis pensamientos; me dijo:

–Volveréis a verlos otra vez.

Sir Ethelred me llevó al convento de la Asunción. Los frailes de esa orden habían invitado también a sus colegas, los jesuitas. La orgía se celebraba en la propia iglesia. Las losas de mármol estaban recubiertas por capas de junco. Era verano, y la noche no estaba fría. Nos habían preparado un lugar. Algunos abades se encontraban arriba, en el coro; cantaban himnos de Iglesia y las partes más voluptuosas de las óperas de moda; estaban todos desnudos. Los capuchinos sólo se distinguían de los jesuitas por su barba. Había también algunas mujeres, monjas y rameras, pero pocas; una por cada tres hombres de promedio. Pero había muchos hermosos muchachos de doce a quince años.

Se perpetraron todas las lujurias. Hombres con mujeres, mujeres con mujeres, hombres con hombres y hombres con muchachos. Había también animales: un ternero, algunos perros y perras, monos, mandriles y babuinos de ambos sexos y algunos gatos. Se les mete la cabeza en una sandalia y el hombre abusa de ellos en tal posición; los maullidos de esas pobres bestias son desgarradores, tanto que hube de taparme las orejas. Los monjes disfrutaban mucho con ello.

La última escena de esa orgía –la última porque después no podía más y supliqué a sir Ethelred que me sacara de allí– fue una doble violación de cadáveres. Los dos bandidos ahorcados fueron traídos en camilla. Los monjes tuvieron con ellos un «gran gusto». Se trataba de cadáveres encantadores, si puede decirse alguna vez eso de los cadáveres.

Permanecí quince días en Roma. El fin de mi estancia se vio turbado por la muerte súbita de mi amigo. Murió de malaria, esa terrible epidemia que se ha cobrado ya tantas víctimas. Permanecí junto a él hasta su último aliento; fui yo quien le cerró los ojos. En su testamento me legó toda su fortuna, sus joyas y las antigüedades que había ido coleccionando en sus viajes.

Esta muerte inesperada me llevó a aborrecer Italia y tuve la suerte de firmar un contrato con un empresario que me llevó a París, a la ópera italiana.

7

Por puro azar recibí, al llegar a París, la confirmación de lo que me había contado sir Ethelred, el hecho de que la violación de cadáveres es un vicio extendido entre todas las capas de la población. Los ricos hastiados de todo lo practican por perversidad, los pobres por necesidad, porque así pueden saciar gratuitamente sus deseos. Los muertos no traicionan, y por eso nadie les teme. En realidad, para ser sincera, me veo forzada a confesar que un bello cadáver repugna menos que un cuerpo vivo abyecto. Si logramos superar el miedo provocado por el contacto helado y rígido de un cuerpo muerto comprendo muy bien que se obtenga voluptuosidad.

Los dos casos que conmovían a la opinión son conocidos sin duda, aunque los periódicos los hayan contado de modo incompleto dado el escándalo de los debates. Pero las vistas eran casi públicas; he visto allí a damas de la más alta aristocracia y a semimundanas.

Voy, pues, a contaros lo que pude llegar a saber sobre esos dos asuntos. Los procesos se celebraron al mismo tiempo, aunque los crímenes se produjeron en fechas distintas. El incriminado en uno de ellos era un aristócrata; su familia había hecho todo lo posible por silenciar el asunto, y lo hubiese conseguido de no haber aparecido nuevos testigos y si los periódicos no hubiesen voceado el segundo caso. El otro culpable era un hombre del pueblo, que fue encarcelado y juzgado enseguida. En el primer caso no sólo había violación, sino asesinato, y no de una, sino de muchas personas. El asesino y el sátiro eran dos individuos diferentes, pero tenían una conexión estrecha.

En el distrito exterior de Poissonière vivía un charcutero célebre por la calidad de sus patés. Su tienda estaba siempre llena. Las gentes del pueblo contaban muchas tonterías sobre la fabricación de esos patés, y corrió el rumor de que empleaba carne humana. Se hizo una investigación, y se descubrió que no empleaba carne normal, pero que se trataba de carne animal; usaba perros, gatos, ardillas y gorriones. Cada vez que sus patés se ponían de moda, volvían a circular rumores infames; a la larga la policía dejó de vigilar, y hasta el público abandonó las habladurías.

Unos dieciocho meses antes de llegar a París, un peluquero fue arrestado por cortarle la garganta a uno de sus clientes. Las pesquisas permitieron establecer que ya había cometido muchos asesinatos y que vendía los cadáveres a su cuñado, que era charcutero; la carne de los cadáveres estaba picada. La complicidad del cuñado no estaba clara. El acusado dijo en el interrogatorio que uno de sus compadres hacía lo mismo y que perseguía además una doble finalidad, porque primero suministraba el cadáver de las niñas impúberes a un gran degenerado para su violación, y luego lo revendía por segunda vez al charcutero. El fiscal acusó inmediatamente al degenerado, pero como éste había estado presente durante el interrogatorio del peluquero, tuvo tiempo de hacer desaparecer todas las huellas de su complicidad. Se descubrieron rastros de sangre y huesos en la bodega del segundo peluquero, pero no fue posible determinar nítidamente su crimen. Fue puesto en libertad.

Seis semanas antes de mi llegada, un agente de costumbres sorprendió a un empleado del depósito municipal a punto de violar el cadáver de una muchacha repescada en el Sena. El hombre fue condenado a diez años de galeras. El público consideró que la condena era excesiva, así como los periódicos, y el tribunal de casación la redujo a dos años de trabajos forzados.

Este segundo asunto despertó al primero, porque los periódicos hicieron mucho ruido en torno al peluquero-charcutero. Éste, que se creía al abrigo de cualquier nueva investigación estando protegido como estaba por su cliente, olvidó toda prudencia. Un día la policía registró su negocio y descubrió el cadáver de una niña de diez años. El examen médico estableció que la pequeña había sido violada, pero no pudo fijar si antes o después del asesinato.

El asesino fue condenado a la guillotina. Negó haber tenido cómplices, pero cuando ante el tribunal de casación vio que nada podía salvarle, confesó que suministraba los cadáveres de las niñas asesinadas al duque de P..., que pagaba veinte napoleones de oro por cada pieza. Añadió que el propio duque le había empujado a atraer a las niñas a su tienda para asesinarlas. El duque fue encausado, aunque negó enérgicamente toda complicidad. La violación de los cadáveres era evidente, y él sabía que las niñas eran asesinadas. Pero su abogado fue lo bastante astuto como para hacer que sólo fuese acusado de violación; su condena fue insuficiente en comparación con la inmensidad del crimen. El peluquero había sido antiguo ayuda de cámara del duque, con lo cual todo el mundo estaba convencido de su complicidad.

Nunca he visto una feria de amor tan grande como París. Los habitantes están tan enervados que prácticamente no disfrutan de placer alguno con la copulación natural. La gente semimundana ni siquiera persigue un placer.

Aprendí por casualidad a conocer a una de esas damas. Era la amante del príncipe ruso Demidoff, una mujer de rara belleza y muy bien conservada para su edad. Tenía treinta y tres años por lo menos, pero yo le había atribuido veinticinco. Su amante se gastaba sumas locas en ella. Él me hizo un poco la corte; me hubiese bastado una palabra para ganármelo. Pero le dije categóricamente que debía abandonar toda esperanza. Gracias a la generosidad de mi amigo difunto, yo poseía una fortuna respetable. El ruso me desagradaba; era muy feo, había pasado la cincuentena, llevaba peluca y se teñía el bigote. Siempre he despreciado a los hombres que intentan ocultar su edad. Sir Ethelred tenía el pelo gris; le hubiese avergonzado llevar peluca.

En París pude formarme una opinión aún mejor de las húngaras. Encontré cuatro: Matilde de M..., una hija natural del príncipe O..., vendida por su madre a una rica caballista, que logró emanciparse y casarse con un rico banquero parisino; Sarolta de B..., mi colega en el teatro lírico, era encantadora y muy ingenua todavía. Jugaba con los hombres sin concederles nada. Temía quedar encinta. La tercera era una tal señorita de B..., mujer de un coronel húngaro. Él vivía con ella en bigamia, porque no estaba divorciado de su primera mujer. Cuando supo que esta última había llegado, huyó a Constantinopla y abrazó el islamismo. La cuarta se llamaba Jenny R..., era hija de un abogado de Budapest. Ella y sus tres hermanas vivían del comercio de sus encantos. Habían comenzado la profesión con precios bajos, pero un conde se enamoriscó de Jenny y la puso así de moda. Jenny tuvo mucha suerte y vino con sus hermanas a París. Ellas formaban parte de las damas más elegantes entre la bohemia dorada. Un caballero italiano, el marqués de M..., se casó más tarde con Jenny pero sin conservarla mucho tiempo, porque murió al cabo de dos años. Jenny lanzó entonces sus redes hacia un príncipe soberano, que la llevó al altar...

8

Sarolta y yo habíamos decidido ir a Londres. Yo había vivido con bastante sencillez en París. Era muy prudente en el amor y jamás olvidaba emplear los preservativos de los que os hablé.

Antes de contaros mi estancia en Londres debo hablaros del hombre que me habría hecho desdichada sin vuestra ayuda, mi muy querido amigo. Ya os lo conté todo de palabra y por eso es inútil repetirlo aquí por escrito. Nunca he encontrado un hombre tan tozudo. Le conocí tres meses después de llegar a París. Tenía fama de ser el mayor libertino de la capital. A pesar de su frialdad, me persiguió por todas partes, e incluso vino a Londres, donde se alojó en la inmediata vecindad de mi casa. Primero creí que estaba loco, luego que me amaba desmesuradamente, hasta acabar reconociendo para mi desgracia que toda su conducta no era sino vanidad y venganza. Pero era demasiado tarde. No quiero hablar más de él; su recuerdo me es odioso. Yo le amaba, hasta que me traicionó doblemente; primero haciéndome descuidar mi habitual prudencia, y luego contaminándome. En Londres no osaba perseguirme abiertamente, porque yo hubiera pedido ayuda a la policía, y no osó atacarme como más tarde hizo en otro país y en otras circunstancias.

Sarolta y yo alquilamos un apartamento coqueto en Saint John's Wood, en las inmediaciones de Regent's Park. Era al comienzo de la temporada. El tiempo es magnífico en el mes de abril. Nuestro chalet estaba rodeado por un pequeño jardín con algunos frutales y caminos cuidadosamente limpios. Paseábamos por allí todas las mañanas después del almuerzo. A veces nos quedábamos en nuestro cuarto, que tenía una vista muy bonita sobre Regent's Park.

Una mañana Sarolta estaba en mi cuarto y comíamos un dulce frente a la ventana abierta. Tirábamos las miguitas a los petirrojos, que venían a picotearlas a nuestras manos. Una brisa ligera agitaba los árboles, el perfume de las lilas nos embriagaba. Yo estaba en enaguas y me apoyaba sobre la espalda de Sarolta.

–Mira ahora –me dijo ella–. ¿No es extraño ver a un caballero tan elegantemente vestido en compañía de cinco o seis mendigos? –Y me mostró con el dedo un macizo de verdor en Regent's Park.

Miré y vi a un caballero que cogía la mano a dos niñas vestidas miserablemente y descalzas. Las llevó a un lugar que yo conocía bien, uno de los más retirados del parque. Comprendí inmediatamente que se trataba de un degenerado deseoso de seducir a esas pobres niñas, cosa no infrecuente en Londres.

Hice gestos a un policía que pasaba justamente entonces, y cuando se acercó le conté lo que acababa de ver. El agente se precipitó hacia el lugar indicado y desapareció entre la espesura. Volvió pronto acompañado por el caballero, cuyo aseo personal mostraba signos manifiestos de desorden. Cogí mis gemelos de teatro y vi lo que pasaba en el parque. El agente discutía con el hombre; las pequeñas les rodeaban, niñas de cinco a nueve años, y hablaban ellas también acaloradamente. Una se fue hacia la más pequeña y señaló al caballero. Y habría llevado su demostración más lejos si el sargento de policía no la hubiese atajado. Se formó un grupo, y oí que algunos paseantes gritaban: *Take him in charge* (deténgalo). Llegó un segundo agente, y el grupo se alejó en dirección al cuartelillo de Marylebone.

Algunas horas más tarde leímos el nombre del caballero en el periódico. El agente que lo había arrestado y las niñas eran los testigos de cargo. El caso era bastante interesante. Asistimos a las sesiones. Lo que contaban las pequeñas era bastante picante. Él había pedido a las niñas que se descubriesen; luego las había acostado en la hierba y había lamido sus conchas; una tuvo incluso que orinarle en la boca, con lo cual recibió cuatro chelines, el doble que la otra. Pero el acusado no fue condenado. Era un rico comerciante. Se retiró tras haber sido acremente sermoneado por el juez.

Las leyes inglesas, la justicia y el público en general son bastante liberales en estos asuntos. Recuerdo una buena cantidad de casos donde yo habría decidido de modo bien distinto al de los jueces ingleses. Uno de mis pasatiempos favoritos era leer los informes de la policía, y particularmente lo relacionado con delitos contra las costumbres. Los ingleses tienen su arte particular para excitar a las mujeres; se descubren sin más y exhiben su cetro. Un joven inglés se mostró completamente desnudo a la hija de la patrona cuando ella entró en su cuarto para hacer la cama. Un joven francés que estaba ligeramente ebrio robó un beso a la hija de su patrona. Fue condenado a seis semanas de arresto. Grave pena para un beso.

Los tribunales son indulgentes con los eclesiásticos. Un pastor tenía a dos niñas en pensión. Les enseñó toda clase de cosas inmorales; las llevaba a su cama, jugaba con sus conchas, les ponía el miembro en la mano, etc., etc. Fue condenado por los jurados a trabajos forzados. Pero el obispo de Canterbury le tomó bajo su protección y el proceso fue revisado. Las dos niñas tuvieron que comparecer; una tenía doce años y la otra siete. Las cuestiones planteadas turbaron a esas pobrecillas, y fue fácil convencerlas de su culpabilidad. ¡Como si las dos niñas pudiesen seducir a un hombre maduro! Fueron enviadas al reformatorio de Holloway, mientras el verdadero culpable, el reverendo Hatdred, fue liberado. Sí, y porque había estado dos o tres semanas en la cárcel fue considerado un mártir. Se hizo una colecta en su favor y recibió además una buena parroquia.

Vos conocéis mis opiniones sobre ese punto, sobre aquello que se llama obscenidad y degeneración; sabéis que no coincido con la opinión de la mayoría. Creo que cada uno, hombre o mujer, es libre de hacer lo que quiera con su cuerpo mientras no amenace la libertad de otro. Es punible emplear violencia, seducir con promesas, mediante la excitación de los sentidos o utilizando narcóticos que alienen la voluntad. Aunque yo haya disfrutado tanto del amor y haya practicado todo tipo de voluptuosidades, nunca he obligado a nadie a someterse a mi arbitrio. Ya os conté cómo se hizo Rosa amiga mía; lo sigue siendo.

Me quedé tres años en Londres. Mi contrato era por dos años solamente, pero lo renové porque me divertía mucho. Durante mi estancia leí asiduamente los periódicos. Vi que los hombres eran iguales en todas partes, que los deseos y las pasiones empujaban a vicios y excusaban tanto el acto sexual normal como las relaciones insanas y perversas entre personas del mismo sexo.

En Francia, en Italia y probablemente en Alemania se cometen tantos crímenes por voluptuosidad como en Londres.

El caso más terrible es el de un joven italiano, llamado Lani, con una prostituta francesa. Había estrangulado a la muchacha en el momento de la eyaculación recíproca, durante el éxtasis. Luego había continuado sobre el cadáver. Juristas ingleses me dijeron que si Lani no hubiese saqueado a su víctima –le robó las joyas, el reloj y el dinero, y se compró un billete para escapar a Rotterdam, lo cual hizo presumir que el crimen estaba premeditado– no habría sido perseguido por asesinato y condenado a muerte. El estrangulamiento de la prostituta en el momento del éxtasis es asimilado a los homicidios por imprudencia, y no está castigado con la muerte.

Es terrible que la pena de muerte se aplique tan a menudo y sin contemplaciones. No es justa. Ese Lani era mucho más culpable que un compatriota suyo que, en un acceso de rabia y celos, mató a su rival cuando éste salía del lecho de su adorada. Intentó dispararse un tiro de revólver en la cabeza, pero sólo se destrozó la mandíbula. Fue cuidado con el mayor esmero para que no perdiese la vida, y después lo ahorcaron. Esto es cruel y bárbaro.

Cierro esta lista demasiado larga ya de crímenes londinenses para contaros mis aventuras personales.

Encontré en Londres a la hermana de esa Jenny de la cual os hablé en mi carta precedente. Formaba parte del cuerpo de ballet del teatro de Drury-Lane, y era bastante bella. Laure R... tuvo también mucha suerte; uno de los caballeros más ricos de Alemania, el conde prusiano H..., se enamoró de ella, la hizo su amante y luego, su esposa. H... ya no era muy joven, y al morir le dejó una de las propiedades más grandes de Hungría, cerca de Presburgo.

Sarolta no tuvo el éxito con el que contaba. Abandonó Londres en el mes de agosto. Así pues, me quedé sola con Rosa. Me invitaban a los círculos más en boga, pero me aburría allí. Deseaba conocer la bohemia dorada de Londres, y por suerte encontré una carta de presentación de mi difunto amigo para una de sus primas, que vivía en el distrito de Brompton. Le envié la carta de sir Ethelred y mi tarjeta de visita, y recibí una invitación ese mismo día.

La señorita Meredith –pues ése era su nombre– tendría entre cuarenta y cinco y cuarenta y ocho años. Debió de haber sido muy bella y gozar a fondo de la vida, porque estaba bastante ajada, su cabello era gris y su rostro estaba surcado de arrugas. Se empolvaba mucho. Era filósofa, seguidora de los epicúreos. Era muy bien recibida en todas partes, porque tenía mucho *esprit* y un buen humor inagotable. Además, era muy amable y lo bastante rica para celebrar veladas en su casa. Sus invitados eran personas del mismo *esprit,* y bastantes damas tenían una fama equívoca aunque perteneciesen todas a la aristocracia. A pesar de la libertad de espíritu y de conducta que reinaba en ese círculo, las veladas nunca terminaban en orgías.

A pesar de la diferencia de edad, pronto nos hicimos buenas amigas. Le confesé qué relaciones había tenido con su primo. Ella me alabó mucho el hecho de haberle favorecido con mi amor. Me dio a entender que sir Ethelred le había hablado de nuestra relación, pero sin decirle mi nombre, porque era muy discreto. La señorita Meredith hablaba libremente de todas las cosas. Me dijo que no había renunciado todavía al amor, pero que satisfacerlo le costaba mucho dinero. «Dios mío», decía ella, «hago como los viejos, que compran el amor de las muchachas. Eso no deshonra jamás al adquirente sino, en el peor de los casos, al que cambia el bien mayor por el menor.»

Como ella iba a todas partes, tuve una buena ocasión de ver lo que había de notable en Londres. Los ingleses son muy tolerantes con las gentes del teatro y la bohemia. O no las reciben en su círculo o las invitan y las tratan como autómatas; son muy educados, pero cuando el concierto termina ya no nos conocen. Sin embargo, si un caballero se casa con una mujer de la calle, se olvida enseguida su pasado y se la trata como a una gran dama; y si se ha casado con un lord, puede asistir a la coronación de la reina. Conozco a tres de esas damas: lady F..., la marquesa de W... y lady O...

La señorita Meredith me contó sus aventuras en ciertos bailes londinenses, y me preguntó si desearía visitar algunos en su compañía. Acepté inmediatamente, y los visitamos todos. Tuve ocasión de observar el carácter de las jóvenes; las inglesas de esa casta son mucho más dignas que las de ningún otro país. Hay mujeres tan degeneradas en París como en otros sitios, prestas a hacer todo por dinero; hay también mujeres de mármol que explotan a los hombres, sin sentimiento alguno de sensibilidad;

pero las prostitutas inglesas son por lo general menos insolentes que las francesas, e incluso en Londres son muy diferentes de las francesas y las alemanas. Debo confesar, para mi vergüenza, que las prostitutas alemanas son las más comunes y vulgares de todas. Tienen que serlo, porque son menos bellas que las inglesas y deben atraerse a los hombres a fuerza de insolencia. Se las reconoce de lejos, por su atuendo escandaloso y su andar torpe.

La señorita Meredith poseía una propiedad muy bonita en Surrey, poco más alejada de Londres que Richmond. Invitó allí a algunas jóvenes sacerdotisas de Venus. Yo fui en compañía de Rosa que, a pesar de sus veintiséis años, estaba tan bella como cuando se celebró nuestro primer encuentro. Nuestra reunión femenina contaría con cuarenta o cincuenta personas, y la fiesta debía durar tres días.

–Vamos a celebrar una orgía sexual –decía la señorita Meredith–, y veremos si podemos pasarnos sin los hombres.

Un amplio río atravesaba el jardín de nuestra anfitriona; no era navegable, y en algunas partes era posible atravesarlo a pie. El jardín estaba rodeado por un muro alto y las riberas estaban sembradas de sauces llorones. Formaban como una cortina, con lo cual estábamos al abrigo de cualquier ojo indiscreto. Podíamos hacer todo lo que quisiéramos.

Estábamos completamente desnudas. La señorita Meredith lo deseaba; sólo nos poníamos sandalias para pasear por el jardín. El lecho del río era de arena finísima. Estábamos casi todo el tiempo en el agua, como patos; nos divertíamos, chapoteábamos. Yo era la mejor nadadora. ¿He de deciros todo cuanto hicimos juntas? Habría mucho que contar, y mi carta sería el doble de larga; además, no podría describiros todo. Renuncio. Sabed que nos bañamos en la voluptuosidad. Algunas damas pretendían incluso no haber disfrutado jamás un goce semejante en los brazos del hombre. En efecto, el placer homosexual es muy violento. Comprendo por qué las turcas no se aburren jamás en su harén ni son desgraciadas esperando su turno para compartir la cama del sultán. Hoy sé cómo pasan su tiempo; hacen lo que nosotras hicimos en ese jardín. Creo que el placer homosexual supera el placer heterosexual. Se ve bastante incrementado por la certeza de que esos abrazos no exponen a ninguna consecuencia peligrosa, ya que así es posible abandonarse totalmente a la voluptuosidad de las caricias.

Ninguna de nosotras se divirtió tanto como nuestra anfitriona. Todas queríamos expresarle nuestra gratitud, y la colmamos de caricias. El tercer día estábamos tan fatigadas que el cuarto transcurrió para la mayoría en la cama. Luego regresamos todas a Londres, donde me esperaban mis deberes.

Pude haber ganado sumas inmensas de dinero en Londres, si hubiese querido ir a la conquista de hombres. Lord X..., un fanático de la música que gastaba sumas locas con todas las actrices, hizo las ofertas más seductoras a través de conocidos míos de ambos sexos. Pero las rechacé, como hice con todas las otras recibidas en Inglaterra, y a pesar de mi relación con la señorita Meredith tenía fama de ser inabordable. Una dama que me invitó al matrimonio de su hija alabó mi virtud al mismo tiempo que mi canto. Me habló también de la señorita Meredith.

–Esa buena mujer –dijo ella– tiene una fama bastante equívoca. Sin duda vos lo ignoráis. Creo que conocisteis a su primo, sir Ethelred Merwyn. He oído incluso que fue vuestro amante. ¿Os recomendó a su prima? Él no sabía que ella era libertina. Por lo demás, eso no debe tocaros, y no necesitáis tomarlo siquiera en cuenta.

¡Qué equivocada estaba la opinión del mundo! ¡Sir Ethelred un estoico! Sólo yo habría podido decirlo, pues ninguna mujer lo conocía como yo.

Había tomado a mi servicio a un *boy* hindú. Era de una gran belleza y apenas tenía catorce años. Lo tomé porque me gustaba mucho. Quería iniciarlo en los dulces misterios del amor. Me encantaba enseñarle el amor y ver formarse en él sentimientos que ignoraba aún. En cada músculo de su rostro, en cada movimiento de su cuerpo hablaba el amor. Era mi esclavo voluntario, y su devoción era sincera. No podía creer en la verdad de lo que sentía; me dijo muchas veces que creía soñar. Yo le veía a menudo con los ojos cerrados, perdido en sus pensamientos y en sus sueños. No me oía llegar, y sólo me percibía cuando le tomaba de la mano.

No tengo ya más que deciros. Conocéis todo cuanto me sucedió después. Os lo narré de palabra cuando nos conocimos. Esta carta es, pues, la última.